Mit seinem Debütroman *Es waren Habichte in der Luft* etablierte sich Siegfried Lenz 1951 mit einem Schlag als eine der großen Hoffnungen der deutschen Nachkriegsliteratur. Die Kritik war sich einig: Hier kündigte sich ein Erzähler an, der eine eigene Sprache sprach, eindrucksvoll und unverwechselbar. Die Themen des Romans – die Erfahrung totalitärer Herrschaft und die Flucht politisch Verfolgter – haben Siegfried Lenz sein Leben lang begleitet.

Siegfried Lenz (1926–2014) zählt zu den bedeutenden und meistgelesenen Schriftstellern der deutschen Literatur. Für seine Bücher wurde er mit vielen wichtigen Preisen ausgezeichnet, unter anderem mit dem Goethepreis der Stadt Frankfurt am Main, dem Friedenspreis des Deutschen Buchhandels und mit dem Lew-Kopelew-Preis für Frieden und Menschenrechte 2009. Seit 1951 veröffentlichte er alle seine Romane, Erzählungen, Essays und Bühnenwerke im Hoffmann und Campe Verlag.

SIEGFRIED LENZ

Es waren Habichte in der Luft

Roman

Atlantik

Atlantik Bücher erscheinen im
Hoffmann und Campe Verlag, Hamburg.

1. Auflage 2017
Copyright © 1951 by Hoffmann und Campe Verlag, Hamburg
www.hoca.de   www.atlantik-verlag.de
Umschlagfoto: © Herbert List /Magnum Photos /Agentur Focus
Satz: pagina GmbH, Tübingen
Gesetzt aus der Minion Pro
Druck und Bindung: C.H. Beck, Nördlingen
Printed in Germany
ISBN 978-3-455-00217-1

HOFFMANN
UND CAMPE

Ein Unternehmen der
GANSKE VERLAGSGRUPPE

Für meine Frau

ERSTES KAPITEL

Irreführung

Es waren Habichte in der Luft.

Roskow bemerkte sie nicht; er stand am Fenster seines Gasthauses und beobachtete ein Sperlingsweibchen, das über das Geländer der Holzbrücke flog, hart am Wasser des engen, energischen Baches entlangsegelte, plötzlich aber kehrt machte und sich in unvermuteter Entscheidung auf einen häßlichen, verrunzelten Stein am Rand des Baches niederließ.

Der Vogel hat gewiß Durst, dachte Roskow.

Er irrte sich. Der Vogel tauchte seinen harmlosen Schnabel nicht ein einziges Mal ins Wasser. Der Vogel bewegte seinen kleinen, leichten Kopf, als ob er jemand erwartete. Roskow blieb am Fenster stehen. Er ließ sich die Sonne, die uralte Sonne, auf seine Bartflechte und auf sein schwarzes Haar scheinen und wartete. Da kam, auch über das Geländer der Holzbrücke, ein Sperlingsmännchen angeflogen. Während des Fluges, vielleicht aber auch schon früher, hatte es das Sperlingsweibchen auf dem verrunzelten Stein entdeckt. Die beiden Tiere stürzten aufeinander los, bissen sich, schlugen mit den Flügeln, zitterten wie in großer Erwartung und flogen plötzlich davon, jedes in eine andere Richtung.

So, so, dachte Roskow. Es ging ihn eigentlich nichts an, aber er ärgerte sich, daß die Vögel auseinanderflogen, als ob gar nichts geschehen wäre. Roskow murmelte halblaut: ›Mir scheint, die Vögel haben ein schlechtes Gedächtnis. Außerdem sind sie gewissenlos.‹

»Das stimmt,« sagte da jemand unter seinem Fenster, »das stimmt haargenau.«

Roskow beugte sich über die Fensterbrüstung. Er bemerkte einen schmalbrüstigen, kleinen Mann in einem sehr zerschlissenen russischen Kittel. Er trug einen Pappkarton in der Hand und lächelte zu Roskow hinauf. Er lächelte oder grinste. Roskow konnte das nicht genau erkennen.

»Hast Du auch die Vögel beobachtet?«

»Ja,« sagte der Mann mit dem Pappkarton.

»Und?«

»Sie haben kleine Köpfe.«

»Hm. – Was machst Du hier?«

»Ich suche jemand.«

»Bist Du schon einmal hier in Pekö gewesen?«

»Ja, vor einigen Jahren.«

»Und wen suchst Du?«

»Matowski.«

»Matowski?«

»Ja.«

»Meinst Du den vom Blumenladen?«

»Ja.«

Roskow sah die Straße hinauf und hinunter, als ob er sich, bevor er weitersprechen konnte, vergewissern müßte, daß kein anderes Ohr in der Nähe war. Dann sagte er, etwas leiser: »Den Matowski wirst Du nicht finden. Den haben sie erschossen, er ist tot. Er soll der neuen Regierung schwer zu schaffen gemacht haben.«

Der Mann stellte seinen Pappkarton auf die kleine Bank vor Roskows Gasthaus. Sein Gesicht verzog sich für einen Augenblick. Er richtete seine schrägstehenden, schwarzen Augen auf den verrunzelten Stein am Bach. Roskow beachtete ihn nicht weiter. Er blickte zu den mächtigen Kiefern hinüber und schwieg.

Nach einer Weile sagte der Mann im Russenkittel:

»Da sind Habichte in der Luft.«

Roskow erschrak etwas. »Wo?« fragte er.

»Über den Kiefern. Aber sehr hoch. Habichte haben größere Köpfe.«

»Vier Habichte«, sagte Roskow, als er die Vögel entdeckte, die in scheinbarer Gelassenheit mit kaum zu erkennendem Strich über den Kiefern schwebten.

Der Mann im Russenkittel ergriff den Pappkarton und ging. Er ging auf die Holzbrücke und blieb am Geländer stehen. Roskow beobachtete die Habichte. Der Fremde ließ den Karton auf der Brücke liegen und kletterte die steile, zerrissene Böschung zum Bach hinunter. Er streckte ein Bein aus und berührte mit der Fußspitze den häßlichen Stein. Der Stein bewegte sich nicht. Da vertraute er ihm sein Körpergewicht an und beugte sich hinab. Mit einer Hand schöpfte er Wasser aus dem Bach und trank.

Roskow beobachtete noch immer die Habichte.

Als der Mann seinen Durst gelöscht hatte, kletterte er die Böschung wieder hinauf, ergriff den Karton und kam zum Gasthaus zurück.

»Wann wurde Matowski erschossen?« fragte er leise.

»Es ist schon etwas länger her.«

Roskow betupfte mit einem weichen Tuch seine Bartflechte und benutzte dabei das Fensterglas als Spiegel. Er sagte, ohne den Mann anzusehen:

»Wie heißt Du eigentlich?«

»Stenka.«

»So. Bist Du Russe?«

»Ja, ich lebe aber schon vierzehn Jahre in Finnland. Ich arbeitete zuletzt in der Sägemühle.«

»Und was willst Du von Matowski?«

Der Mann stellte den Pappkarton auf die kleine Bank. Er legte seinen Kopf weit zurück – fast wie Störche es tun – und schaute zu Roskow empor. Mit der Hand machte er eine merkwürdige Bewegung nach Osten. Dann sagte er:

»Ich habe einen Garten zu Hause, in Rußland, vielleicht 10 000 Werst von hier entfernt. Da blühen jetzt die Natternköpfe und die Schweiflilien. Seit sechs Jahren will ich nach Hause fahren. Ich hatte mir Geld gespart bei meiner Arbeit in der Sägemühle. Aber wenn ich glaubte, es sei genug …«

»Dann hast Du es vertrunken,« rief Roskow von seinem Fenster herab.

Der Mann sah auf seine Fußspitzen, seine Schultern zuckten. Roskow glaubte, er weine.

»Ich wollte nicht alles vertrinken.«

»So. Aber was willst Du von Matowski?«

Stenka schob die Antwort etwas hinaus. Erst nach einer Weile sagte er: »Matowski schuldet mir noch etwas. Ich habe früher Blumenkästen für ihn gemacht. Er wollte mir die Arbeit schon damals bezahlen, aber ich dachte, daß es ganz gut sei, ein kleines Konto in der Welt zu haben. So bat ich ihn, mir das Geld schuldig zu bleiben.«

»Wolltest Du das Geld heute verlangen?« fragte Roskow und ließ das Tuch, mit dem er die Bartflechte betupft hatte, in der Tasche verschwinden.

»Nein, ich wollte kein Geld von ihm verlangen. Ich wollte ihn nur um einige Blumen bitten, um einige Natternköpfe.«

»Hm. – Matowski wurde erschossen.«

In diesem Augenblick flog wieder das Sperlingsweibchen über das Geländer der Holzbrücke.

»Da, paß mal auf,« sagte Roskow.

Beide Männer blickten auf den häßlichen, verrunzelten Stein am Rande des Baches. Diesmal tauchte der Vogel seinen Schnabel ins Wasser und trank.

Irgendwo wurde eine Trommel geschlagen. Der Vogel flog fort. Roskow hob langsam seinen Kopf und wartete, daß sich der Trommelschlag wiederhole. Es blieb aber still.

»Was war das?« fragte Stenka.

Roskow antwortete ihm nicht, sondern machte mit der Hand ein Zeichen, daß der Russe zu ihm hereinkommen solle. Als sie an einem braunen, breitrückigen Tisch saßen, nahm der Gastwirt eine Schnapsflasche mit grünem Etikett von einem Regal, stellte zwei gleichgroße Gläser vor sich hin und füllte sie. »Hier,« sagte er und schob Stenka ein Glas hin, »trink etwas. Dafür brauchst Du mir nichts zu geben.«

Beide Männer reckten den Hals, legten den Kopf zurück und tranken. Nachdem der Gastwirt einen Augenblick aus dem Fenster gesehen hatte, sagte er, weit über die Tischplatte gebeugt: »Die Volksmiliz hat sicher wieder etwas vor. Vorgestern nacht wurden fast alle Lehrer verhaftet. Die neue Regierung räumt mächtig auf. Heute morgen waren bereits die ersten Prozesse. Man sagt, daß Kinder als Hauptzeugen aufgetreten seien.«

Stenka sah unbeweglich auf den Erzählenden. Die Finger der linken Hand hatte er unter der Schnur des Pappkartons eingeklemmt. Roskow stellte die Flasche wieder in das Regal, zog das weiche Tuch aus der Tasche und betupfte seine Bartflechte.

Unter dem Tuch hervor schlichen sich seine Worte: »Kinder haben gegen ihre Lehrer ausgesagt. Es sollen die dümmsten gewesen sein, die mit den einfachsten Zahlen und Worten nicht fertig werden. Sie sollen sich an ihren Lehrern für die Prügel gerächt haben, die sie wegen ihrer Dummheit und Faulheit empfangen hatten. Das hängt wohl auch mit der neuen Aufklärung zusammen.«

Roskow hatte diese letzten Worte sehr leise gesprochen. Der Russe konnte sie nicht richtig verstehen und fragte:

»Aufklärung?«

»Die Aufklärung der Kinder,« antwortete Roskow, »die von der Regierung betrieben wird. Die Kinder sollen achtgeben auf ihre Lehrer, damit diese keine abgestandenen, gefährlichen Dinge lehren. – Sag mal, Du hast in einem Sägewerk gearbeitet?« Stenka zuckte zusammen. »Ja,« sagte er, etwas betroffen, »was soll das denn? Warum fragst Du mich das?«

Roskow lachte, als er merkte, daß der Mann bei seiner Frage erschrak.

»Du hast Hände, die viel eher einem Lehrer gehören könnten als einem Holzarbeiter. Ein Holzarbeiter kann mit seinen Händen fast diesen Tisch hier zudecken. Hast Du überhaupt Schwielen? Es laufen heutzutage viele in Finnland herum, die von der Volksmiliz gesucht werden.«

»Ich habe zwei Jahre an der Kreissäge gearbeitet. Später mußte ich in der Verwaltung des Sägewerks die Löhne ausrechnen,« antwortete Stenka ruhig.

»Hm,« machte Roskow und hob das weiche Tuch vom Boden auf, das ihm heruntergefallen war, als er es in die Tasche stecken wollte. »Kannst Du denn gut rechnen? Ich will Dich nicht ausfragen. Du kannst beruhigt sein. Aber vielleicht kann ich Dir eine gutbezahlte Stelle verschaffen. Das heißt, der Mann, der Dich beschäftigen soll, ist fett und geizig. Du mußt daher viel verlangen. Er wird Dich zweimal hinauswerfen. Tue dann so, als ob Du gehen wolltest. Dann wird er Dich zurückrufen. Er braucht jemanden, der gut rechnen kann. Dann kannst Du

Dir einen besseren Rock kaufen und zu Deinen Schweiflilien fahren. In einem Sägewerk kann man doch nichts verdienen.«

Roskow stand auf und ging an das Fenster. Er sah lange zu den mächtigen Kiefern hinüber, dann drehte er sich plötzlich um, so daß der Russe zusammenfuhr, und fragte mit hochgezogenen Brauen:

»Na, was sagst Du zu meinem Vorschlag?«

Stenka ließ die Schnur des Pappkartons los. Wenn er nicht eingegangen auf diesen Vorschlag, oder wenn er nicht zumindest bereit wäre, ihn zu prüfen, würde er den Gastwirt noch mißtrauischer machen. Er konnte sich nur nicht erklären, warum Roskow ihm solch ein Wohlwollen entgegenbrachte.

»Einverstanden?« fragte Roskow wiederum.

»Ja,« sagte Stenka, – »ja. Aber – was soll ich tun? Wer ist mein Chef? Wo wohnt er?«

»Er wohnt ganz in meiner Nähe. Er ist geizig und fett. Du kannst Leo zu ihm sagen, so nennen wir ihn alle. Als Matowski erschossen wurde, erwarb Leo das Blumengeschäft. Er hatte noch nie etwas mit Blumen zu tun gehabt, aber vielleicht kannst Du ihm behilflich sein, damit er etwas besser zurecht kommt. Du hast doch selber zu Hause Schweiflilien und diese – Natternköpfe, wie Du sagtest. Leo besitzt das einzige Blumengeschäft in Pekö. Es läßt sich also etwas machen; es gibt wenig Blumen in Finnland. Nur, wie gesagt, er ist geizig und fett.«

Der Russe erhob sich und sah an Roskow vorbei auf das grüne Etikett der Schnapsflasche. Er wollte sagen, daß ihm die Entscheidung, für die nächste Zeit in Pekö zu bleiben, nicht ganz leicht falle und er sich daher einige Bedenkzeit ausbitten müsse. Was seinen Besitz angehe, so brauche er natürlich keine Sekunde, um sich zu besinnen, denn sein ganzes Eigentum habe er, sogar bequem, in dem Pappkarton unterbringen können. Er überlegte sich, wie er das Roskow beibringen könnte, als die Tür des Schankraumes aufgestoßen wurde und ein junger, untersetzter, rothaariger Mann eintrat. Ohne Stenka eines Blickes zu würdigen, ging er auf Roskow zu, reichte diesem wortlos die Hand und deutete mit dem Gesicht auf eine Flasche. Roskow zog die bezeichnete Flasche aus dem Regal und goß ein Glas voll. Der Rothaarige trank aus und sah sich um. Er streifte Stenka mit einem flüchtigen Blick aus braunen Augen, wandte sich dann wieder an Roskow und fragte, mit dem Daumen nach hinten deutend: »Wer ist denn das? Kennst Du ihn?«

Roskow fuhr auf und sagte laut: »Es ist gut, Erkki, daß Du gerade jetzt gekommen bist. Das ist ein Russe, der sehr viel von Blumen versteht. Er zieht selber zu Hause Natternköpfe. Bisher hat er die Löhne in einem Sägewerk ausgerechnet. Er kann aber auch Blumenkästen anfertigen und Beete anlegen. Ich dachte, diesen Mann kann Leo gebrauchen.«

Der Russe erhob sich und ging mit kleinen Schritten auf die Männer zu.

»Selbstverständlich bin ich einverstanden,« sagte er und nahm Erkkis Hand. Roskow lächelte. Die Sonne stieg durch das Fenster und setzte sich auf die Schnapsflaschen. Die Sonne war fast überall: sie schien zu gleicher Zeit in Leos Blumenladen und auf Roskows Bartflechte, sie spazierte über den Marktplatz von Pekö, am Gefängnis vorüber, wo die Lehrer eingesperrt waren, sie zwängte sich in die frisch getünchten Wachstuben hinein und unterbrach den Schlaf eines Korporals der Volksmiliz. Sie klemmte sich in die Visiere der Gewehre, sprang über Gräber, über neue und alte, und das alles unhörbar, geräuschlos, scheinbar ein wenig neugierig, aber harmlos, verspielt, und wie in bester Laune.

»Also,« sagte Roskow und legte seine Arme den Männern auf die Schulter, »Du nimmst Stenka mit, Erkki.« Stenka anblikkend, fügte er als Erklärung hinzu: »Erkki arbeitet schon eine gewisse Zeit bei Leo. Er kann Dich deshalb gleich hinführen.«

»Leo ist im Augenblick nicht zu Hause,« meinte Erkki. »Er wollte zum Bürgermeister. Er sagte, er habe einiges mit ihm zu besprechen. Ich weiß aber nicht, was sie zu besprechen haben.«

Anscheinend wollte Roskow nun mit einem Male die beiden loswerden. Er schob sie zur Tür und reichte dem Russen seinen Pappkarton.

»Der Karton ist sehr leicht. Ist das alles, was Du besitzt? Na, bleibe bei dem, was ich Dir vorhin sagte, dann wirst Du bald einen neuen Rock haben und Deine Blumen besuchen können. Ich muß jetzt noch einige Briefe schreiben. Ihr entschuldigt mich doch, nicht wahr? Übrigens ist es auch schon Zeit, zu schließen. Wir sehen uns bald wieder, bestimmt, bestimmt.«

Stenka und Erkki standen auf der Straße und hörten, wie die Tür hinter ihnen verschlossen wurde.

Erkki blickte vorsichtig von der Seite auf Stenka. Ihm kam das Gesicht mit den schrägstehenden Augen bekannt vor. Er glaubte, diesem Mann vor langer Zeit begegnet zu sein, aber er wußte nicht, wann. Hastig forschte er in seinen Erinnerungen, doch das Gedächtnis ließ ihn im Stich. ›Vielleicht irre ich mich auch‹ – dachte er, ›vielleicht lasse ich mich durch die Ähnlichkeit dieses Mannes mit dem, den ich meine, täuschen.‹ Aber als Stenka ihn ruhig anblickte und ihn fragte, was nun zu tun sei, und als er dabei sein Ohrläppchen zwischen die Finger nahm, da hatte Erkki die Gewißheit, daß er sich nicht getäuscht hatte. Wenn das Gedächtnis nur funktionieren wollte!

Ein Schuß zerriß den Abend. »Was war das?« fragte Stenka. »Nichts besonderes. Es wird viel geschossen. Ich glaube, es ist das Beste, wenn wir zu mir gehen.« Erkki streckte seine kurzen, dicken Finger nach dem Pappkarton aus, um seinem Begleiter die Bürde abzunehmen. Dieser schüttelte den Kopf.

»Nein, danke, da ist nicht viel drin. Ein Hemd und ein paar Kleinigkeiten. Das ist zusammen nicht einmal so schwer wie ein Habicht. Wohnst Du mit Leo in einem Haus?«

»Ja.«

»Wohnt Ihr zusammen?«

»Nein. Ich habe nur einen kleinen Raum für mich. Wenn man am Fenster steht, kann man in den Garten sehen. Im Sommer ist es wunderbar. – Du willst bei uns anfangen?«

»Ja.«

»Das ist gut. Arbeit haben wir fast zuviel.«

Sie gingen über den leeren Marktplatz. Vor dem Gefängnis standen in Gruppen Kinder herum, die auf die kleinen, vergitterten Fenster zeigten und lachten. Ein blonder Halbwüchsiger ging mit ausgestopfter Brust, die Hände auf dem Rücken, zwischen den Gruppen herum und stellte jäh an Einzelne – nach Art der Lehrer – Fragen. Wenn die Antwort nicht sofort erfolgte, zielte er auf den Befragten mit dem Zeigefinger und rief etwas, woraufhin alle Kinder in Lachen und Schreien ausbrachen und dann zu den kleinen Fenstern hinübersahen, in der Hoffnung, man habe diesen Spaß verstanden.

Der Angehörige der Volksmiliz vor dem Eingang trug sein Gewehr mit dem Lauf nach unten. Bei jedem Atemzug knarrte sein breiter, lederner Hüftriemen. Mittags, während seiner ersten Wache, hatte er über das Treiben der Kinder gelacht. Jetzt beachtete er sie kaum. Es waren immer die gleichen Witze.

Ein einsamer Lastwagen rumpelte über den Marktplatz und hielt vor dem Gefängnistor. Der Posten drückte auf einen an der Mauer angebrachten Klingelknopf, und ganz von ferne hörte man das metallische Gerassel des elektrischen Klöpfels, einen hämmernden, warnenden Aufschrei. Zwei Männer mit breiten, schmutzigen Lederschürzen erschienen und öffneten die Flanke des Autos. Sie luden sich riesige, frische Fleischstücke auf die Schultern und trugen sie ins Gefängnis: halbe Schweine, Ochsenschenkel, blutige Bauchlappen und Rippen. Der warme Geruch des Fleisches stieg in die Luft und breitete sich allmählich aus.

Die Sonne verbarg sich immer mehr hinter den Kiefern. Ein junger, frohgemuter, lyrischer Frühling lag über Finnland, der mit nordischer Plötzlichkeit dahergekommen war und sich zu einem lauen Tyrannen aufgeworfen hatte über milchweiße Schenkel und Brüste, über verschlossene Herzen, über sprachlose Blumen und Gräser, zum Tyrannen vornehmlich auch über die jungen Männer und Mädchen, und die klopfenden, atemlosen Leidenschaften des Fleisches und des Geistes. Die Fröste, die das Blut dick machen, waren verjagt. Der Sprungfreudige hatte ihnen sehr zugesetzt: der Frühling hatte den Frösten die Peitschen entwunden, mit denen sie das Fleisch zügeln.

Erkki führte seinen Begleiter zu einem zweistöckigen, trübselig dreinschauenden Haus. Auf der rechten Seite vor dem Eingang befand sich ein Schaufenster und dahinter standen in Tontöpfen und Metallkübeln, seltsam angeordnet, zum Teil gesunde, zum Teil aber auch sehr angekränkelte Blumen: Waldtulpen mit unvollständigen Hüllen, behäbige, feiste Trollblumen, Leberblümchen, Schwertlilien, die aus dem Regenbogen entsprungen sein sollen, gezähnter Klatschmohn, große Blüten der Pfingstrose, deren Wert eine chinesische Chronik mit »Hundert Unzen puren Goldes« angibt, und dann und wann erblickte man den pfeilförmig-erotischen Aronstab.

Mit unheimlich knarrendem Geschrei flogen große Vögel über den Marktplatz, den Kiefern zu.

»Komm«, sagte Erkki, »wir wollen hinaufgehen. Wir werden uns das Zimmer teilen müssen, denn es gibt keine andere Möglichkeit, Dich hier unterzubringen. Leo wird hoffentlich bald zurückkommen, der elende Geizhals.«

Sie betraten einen unebenen, mit rot-gebrannten Steinen ausgelegten Flur. Es roch hier sehr merkwürdig; das Alter des Hauses, die Blumen, ein grünlicher Spiegel und die weiche, schwarze Topferde schienen sich im Geruch zusammenzufinden. Eine ächzende Treppe führte hinauf in das obere Stockwerk. Irgendwoher kam sogar auf unerklärliche Weise etwas Licht, das dem Auge half, einen Weg zu finden.

»Halte Dich am Geländer fest,« sagte Erkki und stieg dann selber rasch die Treppe hinauf. Als sie oben standen, rief plötzlich eine Frauenstimme:

»Wer ist da? Warten Sie einen Augenblick. Ich bin gleich da. Nur einen Augenblick. Ich komme ja schon. So.«

Eine Frau in mittleren Jahren mit breiten, fetten Hüften und nackten Knöcheln stand vor ihnen. Sie trug einen ärmellosen Kattunkittel, der – wie man bemerken konnte – in Eile über den Körper gezogen war. Ihre Füße steckten in ausgetretenen Pantoffeln.

»Ach Du bist es, Erkki,« gurrte sie. »Ich wollte gerade zu Bett gehen.« Sie schob ihren Leib vor und strich sich das Haar nach hinten. »Du hast ja jemanden mitgebracht?«

»Ja,« sagte Erkki, »das ist …«

»Ich heiße Stenka,« sagte der Mann mit dem Pappkarton. Erkki hatte das Gefühl, daß sein Begleiter log. Sein Gedächtnis begann wieder zu arbeiten, aber er konnte nicht herausfinden, wann er diesem Mann bereits begegnet war.

»Ist das Dein Freund?« fragte die Frau.

»Wenn Du willst, ja. Er wird uns außerdem bei der Arbeit helfen. Er versteht etwas von Blumen.«

»Hat er schon mit Leo gesprochen?«

Erkki antwortete der Frau nicht mehr, er hatte die Tür zu seinem Raum geöffnet und zog den Russen am Ärmel zu sich herein. Der Raum war fast kahl. Auf einem nur zur Hälfte in die Wand eingeschlagenen riesigen Nagel lehnte ein Spiegelscherben. An der Innenseite der Tür hing offenbar Erkkis Arbeitszeug, eine zerrissene Hose und eine in den Nähten geplatzte und an manchen Stellen glänzende Jacke. Unter dem Fenster stand ein aus Kisten zusammengenageltes Bett, am Fußende ein kleiner Klapptisch mit eisernem Gestell. Eine umgekippte Kiste diente als Sitzgelegenheit, eine andere als Waschtisch.

Stenka wollte etwas sagen, aber Erkki deutete ihm durch ein Zeichen an, vorläufig nicht zu sprechen. Leise, so daß der Russe Mühe hatte, ihn zu verstehen, erklärte er:

»Puh, dieses verdammte Weib! Immer wenn ich an ihrer Tür vorüberkomme, fragt sie: Wer ist da? Warten Sie einen Augenblick. Und dann taucht sie in ihrem sparsamen Kittel auf und kichert: Ach Du bist es. Ich wollte gerade zu Bett. – Ich habe sie eigentlich nur in Erinnerung, daß sie gerade ins Bett will, zu jeder Tages- und Nachtzeit. Sie ist Witwe. Früher einmal war sie Leos Geliebte. Jetzt duldet er sie nur noch. Puh! Sie hat es schon seit langem auf mich abgesehen. – Denkste! – Sie wird es auch bei Dir versuchen. – Na, Deinen Karton können wir einstweilen da unter den Tisch stellen.«

Erkki setzte sich auf das Bett und zog die Knie an. Stenka nahm ein Ohrläppchen zwischen seine Finger, die schrägstehenden Augen blickten über den Garten. Er wagte nicht, seinen neuen Gefährten nach Matowski zu fragen, dem dieser Garten einst gehört hatte. Er war froh, einen Menschen wie Erkki gefunden zu haben, der ihm freimütig Aufklärung gab über alles, was er noch nicht einmal zu wissen begehrte und der es sich offenbar angelegen sein ließ, den zukünftigen Arbeitskollegen in jeder Hinsicht ins Vertrauen zu ziehen.

»Bist Du eigentlich verheiratet?«, fragte Erkki nach einer Weile.

»Nein, warum fragst Du mich danach?«

»Ich dachte, Du könntest mir etwas über die Frauen erzählen. Ich kenne nämlich ein Mädchen, weißt Du: fleißig, ernst, braune Augen …«

»Wann beginnt ihr am Morgen mit der Gartenarbeit?« unterbrach ihn Stenka.

»Sehr früh. Zu früh vielleicht. Um Fünf. Es kann Dir passieren, daß Du einen schönen Traum hast, daß Du mit einem Mädchen irgendwo allein bist – und wenn Du vielleicht gerade die Hände nach ihr ausstreckst, .. dann rütteln Dich riesengroße Finger an der Schulter, rütteln, daß Du meinst, alle Knochen würden Dir brechen und dazu schreit Dir eine Stimme ins Ohr: Raus, Du Angorabulle, wie lange willst Du noch schlafen?! Ausgebrummt, alte Nähmaschine! – – Weißt Du, wer so schreit?«

»Nein.«

»Leo, der alte Geizhals. – Aber, ich kenne ein Mädchen, weißt Du, fleißig, ernst, lange glatte Beine. Es war ein prächtiges Mädchen, als wir noch die alte Regierung hatten. Wir wollten damals heiraten. Nun haben wir einen neuen Bürgermeister …«

»Wie heißt der neue Bürgermeister?«

»Wir nennen ihn den Grauen. Wir nennen ihn so, weil er

ständig eine graue Hose und eine graue Jacke trägt, und weil sein glattrasierter Schädel grau aussieht.«

»Hm. Arbeitet das Mädchen jetzt für die neue Regierung?«

»Ja. Man hat ihr etwas in den Kopf gesetzt. Seitdem lebt sie nur noch ihrer Arbeit und einigen sonderbaren Ideen. Ich kann damit nicht konkurrieren. Ich habe sie sehr lieb, ja, wir wollten heiraten. Alles war bereits besprochen.« Erkkis Stimme wurde immer leiser. Er dachte an das Mädchen, stellte sich vor, wie sie an der Schreibmaschine saß, ernst und fleißig, übermüdet, den weißen Nacken herabgebeugt.

Der Russe setzte sich auf eine Kiste, beide Männer schwiegen. Lautlos zwängte sich die Dämmerung durch das Fenster. Der Spiegelscherben auf dem nur zur Hälfte eingeschlagenen Nagel erblindete. Draußen war es still und warm. Nebenan weinte die Witwe. Ihr heiseres, feuchtes Heulen erstickte regelmäßig für einen Augenblick – wahrscheinlich biß sie in ihre Bettdecke – und drang dann wieder durch die dünne Seitenwand.

Da hörten die Männer weithin hallende Schritte, Schritte, die von einem Riesen herrühren konnten. Jemand kam über den Marktplatz.

»Das ist Leo«, sagte Erkki halblaut und erhob sich von seinem Bett.

Wenige Sekunden später wurde unten die Tür aufgerissen. Stenkas Blut überfiel ein Schauer. Er glaubte jetzt schon den mächtigen Atem des Mannes spüren zu können, für den er arbeiten wollte. Dieser Atem erfüllte das ganze Haus. Das heisere Heulen der Witwe erstarb plötzlich und war nicht mehr zu hören. Erkki ging langsam zur Tür, als ob er darauf wartete, hinuntergerufen zu werden. Auch Stenka erhob sich und zog seinen Karton unter dem Tisch hervor, um ihn zur Hand zu haben. Da erklang auch schon eine Stimme, die so viel Gewalt hatte, daß sich die Türen fast von selber öffneten. Es war nur ein einziger Schrei, dazu ausreichend, einem Menschen den letzten Fetzen Boden unter den Sohlen fortzuziehen:

»E-r-k-i!«

Der Gerufene riß die Tür auf und sprang die ächzende Treppe hinunter. Am Treppenabsatz stand Leo: an die zwei Meter hoch, fett, kleine, gerötete Augen, die immer in Bewegung waren, tellergroße, fleischige Hände, dicke Lippen, schlecht rasiertes Doppelkinn und geöltes Haar. Er trug riesige Schuhe – Roskow sagte dazu Kindersärge – weite, braunkarierte Hosen und eine nach innen gekehrte Pelzjacke.

Da Leo mit seinem Körper den Zugang zum Flur versperrte, blieb Erkki dicht vor ihm auf der Treppe stehen.

»Na, Du Beuteltier,« sagte Leo (er liebte zoologische Vergleiche), »hast Du die Hyazinthen hineingetragen?«

»Ja,« antwortete Erkki.

»Hast Du ihnen frisches Wasser gegeben?«

»Ja.«

»Gut, lassen wir das. Warum solltest Du nicht die Wahrheit sagen. – Ich habe mit dem Bürgermeister gesprochen. Er will heute nacht an den Booten arbeiten … unten … am See … Du wirst auch hingehen … um ihm zu helfen natürlich. Du wirst Werkzeug mitnehmen: Messer, Bohrer, Hammer … Gut, lassen wir das. Etwas Neues?«

»Ja.«

»Wieso?« fragte Leo und verlagerte das Gewicht seines Körpers von einem Bein auf das andere. Erkki versuchte, den kleinen, geröteten Augen auszuweichen; er stützte sich auf das Treppengeländer.

»Da ist jemand, der viel von Blumen versteht. Er zieht selber zu Hause Natternköpfe. Er will bei uns arbeiten. Bisher hat er die Löhne in einem Sägewerk ausgerechnet.«

»Können wir brauchen … Wo ist er … was will er haben?« In diesem Augenblick trat Stenka, der das Gespräch mit angehört hatte, aus Erkkis Zimmer und stieg langsam, den Pappkarton in der Hand, die Treppe hinunter.

Leo trat einen Schritt zur Seite, um dem Fremden den Weg auf den Gang freizumachen. Er sagte zu Erkki:

»Du kannst das Werkzeug zusammensuchen … Du mußt Dich beeilen …« und, zu Stenka gewandt:

»Komm' in den Laden.«

Der Russe folgte ihm schweigend. Leo zündete eine Kerze an und befestigte sie mit ihrem eigenen Wachs auf einer Tischecke. Die Blumen warfen sonderbare Schatten an die Wand. Stenka betrachtete sie lange.

»Also«, sagte Leo mit seiner mächtigen Stimme, »Du willst bei uns arbeiten? Wir brauchen einen Mann, der etwas von Blumen versteht und rechnen kann. Aber lassen wir das. – Blumen sind empfindlich wie kleine Vögel oder wie junge Mädchen. Man kann sie im Vorübergehen knicken. Oh, so eine Handvoll Blumenfleisch!«

Leo griff mit seiner riesigen Hand nach einer Waldtulpe, riß ihr den Kopf ab, preßte diesen auf die dicke Oberlippe und schloß die Augen.

»Die sind immer nackt,« röchelte er, »nackt und betäubend. Da möchte man krepieren vor Wonne, einfach umfallen und liegenbleiben. Oh, diese duftenden Biester. Allen möchte ich die Köpfe abreißen, allen!«

Seine Augenlider zuckten. Stenka blickte ihn aus schrägstehenden dunklen Augen ernst an.

»Wer die nur gemacht hat,« grunzte Leo. »Jemand wird sie

wohl erschaffen haben … ganz bestimmt hat die jemand erschaffen … sonst wären sie ja nicht da. Fragt sich nur, wer
diesen Einfall hatte … diesen seltenen Einfall … ein Schulleh-
rer war es nicht, nein … aber die heilige Jungfrau … Manche
Blumen haben Stiele wie Mädchenschenkel.« Er stockte einen
Augenblick, zog aus einem Topf eine Blume mit langem Stiel
hervor und wand ihn sich um das feiste Handgelenk.

»Da ist gar kein Unterschied … absolut nicht!«

Auf einmal öffnete er die Augen, kratzte sich in der Achselhöhle und sah mit einem stieren Blick auf Stenka.

»Gut,« gröhlte er, »lassen wir das. Wir brauchen einen Mann,
der etwas von Blumen versteht … Du verstehst etwas, das sehe
ich Dir an Deinem Kopf an … Was willst Du haben … an Geld,
meine ich?«

Stenka erinnerte sich, was Roskow ihm geraten hatte, aber er
beschloß, diesen Ratschlag nicht zu beherzigen und nur eine
ausreichende Summe zu fordern.

»120«, sagte er leise.

»Was?« schrie Leo, »120? Dafür bekomme ich drei Männer!
Lassen wir das. Nimm Deinen komischen Karton und verschwinde. Los, los!«

Als Stenka an der Tür stand, rief ihn Leo zurück.

»Ich gebe Dir hundert«, sagte er.

»Gut.«

»Na also! Du fängst morgen schon bei uns an. Wir stehen
früh auf, aber man gewöhnt sich daran. Du wirst zu Erkki hinaufgehen und in seinem Zimmer wohnen. Er ist ein guter, flei-
ßiger Junge. Ich glaube, daß Du mit ihm gut auskommen wirst.
Nebenan wohnt eine Frau, die Euch nichts anzugehen hat.«

Er zerrieb den Kopf der Waldtulpe zwischen den Händen
und warf mit dem Rest nach dem Schatten einer Pfingstrose.

Dann rief er so laut, daß über Stenkas Rücken eine Gänsehaut lief:

»E-r-k-i!«

Die Tür wurde aufgerissen, Erkki stand im Laden. Anscheinend hatte er draußen auf dem Gang gelauscht.

»Wie heißt Du eigentlich?« fragte Leo den Neuen.

»Stenka.«

»Gut. Du wirst ihm aus Kisten ein Bett machen, Erkki … Aber nicht jetzt … Er kann heute in Deinem Bett schlafen … Du gehst ja fort … Du –«

Seine Rede wurde unterbrochen. Es tönten kräftige Schläge an der Haustür. Ein geringschätziges Lächeln huschte über Leos Gesicht. Die Schläge wurden immer stärker. Bald mußte das Holz zersplittern.

»Öffne die Tür.«

Es klackte, als Erkki den Schlüssel umdrehte. Der Schlüssel war rostbraun und groß, man hätte ihn als Waffe verwenden können. Stenka hielt den Karton in der Hand und blickte auf die Türöffnung. Zugluft schoß herein. Der spitze Feuerschein der Kerze fuhr erschrocken zurück, begann aufgeregt und wild zu flackern und warf kleine, irre Reflexe auf Leos geöltes Haar. Erkki trat gegen die Wand des Ganges zurück. Aus der Dunkelheit tauchte ein Mann in der engen Uniform der Volksmiliz auf und trat zögernd, einen mattglänzenden Revolver in der Hand, in das unruhige Licht der Kerze. Hinter ihm bemerkte Stenka die Silhouetten von zwei anderen Männern, die vor der Türöffnung stehen blieben.

Leos kleine, gerötete Augen funkelten den Angehörigen der Volksmiliz böse an, der den Revolver in eine knirschende Ledertasche schob, als er den Besitzer des Blumenladens erkannte.

»Was gibt es?« schrie Leo mit seiner mächtigen Stimme.

»Was wollt Ihr hier? … Ihr hättet mir fast die Tür kaputt geschlagen! Wer sollte das bezahlen … glaubst Du, Ihr könntet das mit jedem machen … wie? … Macht was Ihr wollt, – aber nicht in meinem Haus … Seitdem Du Korporal bist, wirst Du immer frecher.«

Der Korporal umfaßte mit beiden Händen die blitzende Schnalle seines Hüftgürtels. Er sagte:

»Ich habe Befehl, sämtliche Häuser in Pekö zu durchsuchen. Ich darf kein Haus auslassen. Wir haben Roskow die Tür eingeschlagen, weil er nicht öffnen wollte. Er stand am Fenster und rief: Es ist schon geschlossen, es gibt nichts mehr zu trinken. Er wollte nicht glauben, daß wir zu einem anderen Zweck zu ihm kamen.«

»Also,« sagte Leo gereizt, »was gibt es? Wollt Ihr mich etwa verhaften?« Er lachte dröhnend.

Dem Korporal waren die Augenbrauen über der Nasenwurzel zusammengewachsen, er hatte sehr lange Arme und glich in mancher Hinsicht einem Affen. Aus seinen Augen sprach eine gewisse Klugheit und Brutalität.

»Uns ist einer entwischt,« grinste er und zeigte dabei große gelbe Zähne. »Ein Lehrer, wir hatten ihn schon eingesperrt. Weiß der Teufel, wie er das fertigbrachte. Ich glaube, er hat sich zwischen den Gittern hindurchgezwängt. Er muß schmalbrüstig sein und außerdem Kraft haben. Wenn wir ihn einfangen, hängt er.«

Erkki, noch immer auf dem halbdunklen Gang stehend, blickte auf Stenka. Sein Gedächtnis funktionierte plötzlich. Als der Korporal das Wort »Lehrer« genannt hatte, war ihm klar geworden, daß es Stenka nur einmal gab und daß er sich richtig erinnert hatte, diesem Mann vor einigen Jahren begegnet zu sein.

»So«, grunzte Leo den Korporal an und schlug mit seiner riesigen Hand nach einem Käfer, der klirrend zu Boden fiel, »und Ihr glaubt, daß der Lehrer noch hier ist, … hier in Pekö?«

»Das ist eigentlich unwahrscheinlich, aber nicht völlig ausgeschlossen. Er wird vielleicht annehmen, daß er hier weniger gesucht wird, als an einem anderen Ort.«

»War er aus Pekö?«

»Nein. Sie hatten ihn in Kalaa eingesperrt. Von dort ist er auch entwichen.«

»Wißt Ihr denn, wie er aussieht?«

»Nein, das heißt, ungefähr wissen wir es schon. Er soll klein sein, ist schmal, hat …« sein Blick fiel auf Stenka, »da – so wie der da, so stelle ich ihn mir vor, genau so. Etwas klüger mag er allerdings aussehen.«

Leo trat auf Stenka zu und legte ihm die schwere Hand auf die Schulter.

»Der hier versteht etwas von Blumen … er arbeitet bei mir … früher hat er in einem Sägewerk die Löhne ausgerechnet.«

»Na ja,« sagte der Korporal grinsend, »so war es auch nicht gemeint. Aber ich muß das Haus durchsuchen. Ihm hier – …« er deutete mit einer Kopfbewegung auf Stenka, »ist wohl etwas bange geworden?«

Leo kniff seine zerklüfteten Brauen zusammen. Erkki wußte, daß gleich ein Wutausbruch erfolgen würde.

»Wer wohnt noch in diesem Haus?«

»Ich«, schrie Leo plötzlich, »ich. Und wenn Ihr Angorabullen nicht sofort verschwindet, dann – werde ich mit dem Bürgermeister sprechen … So weit sind wir noch nicht … soweit nicht …« Er fuchtelte mit seinen fleischigen Händen in der Luft herum, ergriff unvermutet die Kerze und schleuderte sie gegen die Wand.

»Verschwindet! Ich bin noch ganz bei Sinnen .. Ich weiß noch ganz genau, wer und was sich in meinem Hause aufhält.«

In der Dunkelheit tastete er sich an den Korporal heran, erfaßte diesen an seinem ledernen Hüftriemen und drängte und zog ihn zur Tür. Der Korporal wußte, daß ein großes Lamentieren bei Leo keinen Zweck hatte: der Bürgermeister war sein Freund und außerdem fanden die theoretischen Schulungen in des Blumenhändlers neuer Scheune statt. Er ließ sich daher ohne Widerstand hinausschleppen, und als er das metallische Klacken des braunen Schlüssels hinter sich hörte, lächelte er höhnisch und verlegen.

Einen Augenblick blieb Leo, mit dem Rücken gegen die Haustür gelehnt, stehen. Stenka und Erkki hörten auf seinen gewaltigen Atem.

»Lassen wir das,« röchelte der Riese etwas erschöpft und zündete eine neue Kerze an, die vor dem grünlichen, mißtrauischen Spiegel stand.

»Ich sagte Dir doch, daß Du heute nacht an den Booten arbeiten sollst, Erkki ... hast Du das vergessen? Wie? ... Hast Du schon das Werkzeug zusammengeholt?«

»Ich wollte gerade gehen,« antwortete Erkki.

»Gut. Und Du Stenka ... Du kommst mit mir. Ich werde Dir zeigen, wo Du schlafen wirst ... Bring Deinen komischen Karton mit.«

Erkki trat hinaus auf die Straße, einen Beutel mit Werkzeug in der Hand, die beiden anderen Männer stiegen die ächzende Treppe hinauf. Als sie oben standen, rief plötzlich eine Frauenstimme:

»Wer ist da? Warten Sie einen Augenblick. Ich komme ja schon,« und gleich darauf erschien die Witwe in ihrem ärmellosen Kattunkittel.

Leo glotzte sie mit aufgesperrtem Mund an und sagte:

»Na? Das bin ich. Das hattest Du wohl nicht erwartet? Gibt es etwas Neues? … Es ist Frühling geworden … hast Du das schon gemerkt …? jetzt wirst Du endlich warme Füße kriegen.«

Die Frau hörte ihm mit vor der Brust verschränkten Armen zu, wandte sich unerwartet um und verschwand in ihrem Zimmer. Ein gutmütig-verschlagenes Grinsen spielte um Leos breite Lippen, dann schob er den Russen mit undurchdringlichem Gesicht in Erkkis Kammer. Stenka hörte, wie er die Treppe hinunterstampfte.

Das Fenster stand noch offen. Es war warm draußen.

Im Garten, der einst Matowski gehört hatte, kniete der Mond. Stenka legte sich angekleidet auf das aus Kisten gezimmerte Bett und lauschte. Überall war der Schlaf, nur aus dem Nebenzimmer drang das heisere Weinen der Witwe. Mit den Händen betastete der Mann seinen schmalen Brustkasten. Einige Stellen schmerzten noch. Schließlich überrumpelte ihn lautlos der Schlaf.

ZWEITES KAPITEL

Flugversuch

Erkki ging nicht gleich zum See hinunter, wo der Bürgermeister auf ihn wartete. Der Mond schien hell, Erkki konnte, als er den Marktplatz überquerte, den Posten vor dem Gefängnis deutlich erkennen. Der Posten rauchte, um die Insekten fernzuhalten. Die Gefängnismauer warf schräge Schatten.

Erkki ging langsam und dachte: ›Ich wußte gleich, daß er nicht Stenka heißt ... ich wußte, daß er nie in einem Sägewerk gearbeitet hat ... und auch niemals in seinem Leben in Rußland war ... in Kalaa war er ... an der Schule ... ein Lehrer .. Sprachen und Pflanzenkunde hat er uns beigebracht ... er kam mir doch gleich bekannt vor ... es ist ja schon einige Jahre her ... aber als er die Ohrläppchen zwischen die Finger nahm ... – Der Korporal ist ein Idiot ... Ich werde aber nichts erzählen ... Gott bewahre ... eigentlich geht er mich gar nichts an ... schließlich will er ja leben ... von mir aus soll er leben ... Der Korporal ist ein absoluter Idiot ...‹

Er blieb vor einer behäbigen Hütte stehen und starrte auf ein erleuchtetes Fenster. ›Was sie jetzt wohl tun wird? Vielleicht liest sie oder arbeitet noch? Man sollte sie überraschen, man sollte in ihr Zimmer treten, wenn sie es am wenigsten erwartet. Gut!‹ Er drückte die Klinke vorsichtig hinunter und stand vor ihrer Tür. Das Schlüsselloch war zugestopft, es drang kein Lichtschein auf den dunklen Gang. ›Mach doch die Zimmertür auf‹, sagte er zu sich selbst, ›es kann dir doch nichts dabei passieren,‹ und er legte seine Hand auf den Drücker. Die Tür öffnete sich geräuschlos. Vor einem eisernen Waschtisch stand ein Mädchen: halb entkleidet, lange glatte Beine, runde Schultern, kurz geschnittenes Haar, über dem rechten Ohr lief eine breite Narbe. Einen Herzschlag lang wunderte sich Erkki, daß sie ihr Haar nicht länger werden ließ, damit es die Narbe bedecke. Sie hatte die Träger des Unterkleides von der Schulter gestreift und ein Tuch um ihre Hüften geschlungen. Mit geschlossenen Augen beugte sie den Kopf über eine Emailleschüssel, tauchte einen Schwamm in das Wasser, drückte ihn aus, ließ ihn sich wieder vollsaugen und netzte dann ihr Gesicht und ihren Hals. Erkki stand wenige Schritte hinter ihr, verwundert lächelnd, reglos. Er glaubte die Seife und die Schultern riechen zu können. Seine Augen starrten auf den Flaum in ihrem Nacken, und wenn sie den Schwamm ausdrückte, konnte er den kleinen Brustansatz sehen.

Da spürte das Mädchen, daß es beobachtet wurde und drehte sich blitzschnell um.

»Erkki!?« rief sie, und aus dem Ruf war eine sanfte Empörung herauszuhören. »Was willst Du … jetzt zu dieser Zeit?« Ihre braunen Augen blickten ungläubig staunend auf den Eindringling.

»Ich will zu den Booten«, sagte Erkki langsam, »der Graue wartet auf mich, ich soll ihm das Werkzeug nachbringen. Bei Dir brannte noch Licht – schämst Du Dich, Manja?«

»Nein. Warum? Wir kennen uns doch?« Wassertropfen liefen an ihrer Wange herab, sammelten sich am Kinn und tropften auf den Boden.

»Willst Du lange bleiben, Erkki?«

Der Junge schwieg und sah sie ernst an.

»Ich bin nämlich sehr müde, weißt Du. Ich habe in den letzten Tagen viel tun müssen.«

»Ich bin überhaupt nicht müde,« sagte Erkki ironisch.

»Leo erlaubte mir, fünf Tage und Nächte lang zu schlafen. Ich fühle mich wie ein Eichhörnchen bei seinem Erwachen im Frühling: etwas unsicher noch, aber prächtig ausgeruht.«

Das Mädchen streifte sich einen Mantel über, setzte sich auf die Bettkante, legte die Hände in den Schoß und blickte zu ihm auf.

»Willst Du Dich nicht setzen,« fragte sie.

»Ich möchte Dich nicht aufhalten,« sagte er.

»Du hältst mich nicht auf,« sagte sie.

»Das sieht man,« sagte er.

»Spotte doch nicht!«

»Dazu bin ich nicht hergekommen. Ich wollte sehen, wie es Dir geht und was die Arbeit macht. Hast Du immer noch soviel Freude daran?«

»Natürlich«, sagte sie lakonisch und wippte mit den Beinen.

»Bekomme ich einen Kuß?« fragte er.

Sie schüttelte den Kopf.

»Und warum nicht?«

»Weil Du Dich über mich lustig machst. Du weißt genau, wie ich meine Arbeit auffasse.«

Erkkis Gesichtsausdruck veränderte sich. »Ich weiß«, sagte er, »wie Du zu Deiner Arbeit stehst. Ich habe es an mir erfahren. Wenn ich Dich fragte: sehen wir uns morgen? sagtest Du: übermorgen. Wenn ich Dich bat, am Sonntag zu mir zu kommen, kamst Du am Dienstag.«

»Na und?«

»Du findest nichts dabei. Um so schlimmer für Dich. Soll ich Dir sagen, was ich davon halte?«

»Ich bitte darum, obwohl ich weiß, was Du zu sagen hast.«

»Jetzt spottest Du über mich, Manja. Aber dieser Spott ist nicht angebracht.«

»Warum nicht?«

»Weil Du keinen Grund dazu hast. Du machst Dich lächerlich durch Deinen Eifer für die neue Regierung. Sie haben Dir etwas in den Kopf gesetzt und Du läßt Dich ausnutzen. Du vergißt, daß es neben der Arbeit auch noch etwas anderes gibt.«

»Was zum Beispiel«, fragte sie herausfordernd.

Erkki hielt ihren Blick aus und sagte: »Unsere Heirat.«

Manja sah auf ihre Fußspitzen.

»Du täuschst Dich,« sagte sie nach einer Weile.

»Das mag gut sein. Ich täusche mich in Dir. – Sprich nicht weiter, Du bist müde und willst ins Bett. – Ich komme immer mehr zu der Einsicht, daß mein Warten sinnlos war. Vielleicht ist jedes Warten im Leben sinnlos, aber ich weiß es nicht. Wenn man jung ist, hält man es nicht für möglich, daß man im Alter andere Ansichten hat. – Doch das will ich Dir jetzt gar nicht sagen.«

Er wich ihren Blicken aus und sah auf die breite Narbe über ihrem Ohr.

»Hast Du morgen Zeit?« fragte er nach einer Weile.

»Ich weiß es nicht. Wir erwarten morgen Besuch vom Büro.«

Da wandte sich Erkki wortlos um und ging hinaus. Die Hand, in der er den Beutel mit dem Werkzeug trug, war eingeschlafen. Sein Weg führte ihn eine nächtliche Straße hinab, an dem wie auf der Lauer liegenden Gasthaus von Roskow vorüber, über die kleine Holzbrücke und dann an dem engen Bach entlang. Auf dem häßlichen Stein saß der Mond und ruhte sich aus. Der Bach war energisch: er zwängte sich unermüdlich zwischen starken Kieferwurzeln hindurch, er riß, wenn er sich eingeengt fühlte, der Erde einen Fetzen ab, er schliff sich die Steine zurecht, damit sie seinen Lauf nicht hemmten, und diese große Mühe scheute er nicht, nur um sich einem zweifelhaften, lächerlichen Vergnügen hingeben zu können, dem Vergnügen, in einem großen See zu verschwinden, anonym zu werden und für alle Zeit ein unsichtbares Dasein zu führen.

Erkki ging schnell, um die versäumte Zeit einzuholen. Er brauchte nur dem Bach zu folgen, um an sein Ziel zu gelangen. Der Bach floß durch eine Wiese, durch die Birkenschonung, durch den Kiefernwald und vereinigte sich neben der Lichtung mit dem See. Die Boote waren aus dem Wasser gezogen und lagen, mit dem Kiel nach oben, wie schlafende, große Tiere auf dem Sand.

Erkki verharrte, als er vor der Lichtung stand, einen Augenblick im Schatten der Kiefern. Am Wasser saß ein Mann und blickte zu einer Insel hinüber, die sich im Licht des Mondes gespenstisch-fahl aus dem Wasser erhob. Eine Raubmöwe, die jemand beim Ausruhen gestört hatte, flog heiser schreiend aus dem Schilf, strich zweimal an der Lichtung vorbei, ließ sich auf einer Kiefer nieder und spähte aus rotgeränderten Augen auf den Mann am Wasser. Obwohl dieser Erkki den Rücken zukehrte, mußte er bemerkt haben, daß sich ihm jemand genähert hatte. Er sagte, ohne seinen Kopf zu wenden: »Na, komm schon her, was stehst Du und siehst mir ins Genick … Ich habe Dich längst kommen gehört … pünktlich bist Du nicht, Erkki.«

»Ich konnte nicht früher kommen,« sagte Erkki und trat aus dem Schatten. »Ein Lehrer ist ausgebrochen. Ich wollte gerade fortgehen, als die Miliz kam. Sie haben eine Haussuchung vorgenommen.«

»So. – Hast Du das Werkzeug mitgebracht?«

»Ja.«

»Die Boote müssen noch heute nacht fertig werden. Nimm Dir ein Messer und kratze die Bordwände ab. Oder hast Du Glasscherben da? Die eignen sich noch besser dafür.«

»Nein,« sagte Erkki, »Glasscherben habe ich nicht mitgebracht. In der Aufregung dachte ich nicht daran.«

Der Graue strich sich mit der Hand von hinten über den rasierten Schädel, ergriff ein Messer, prüfte die Schärfe der Schneide, indem er mit dem Daumen daran rieb und ließ sich neben einem Boot mit dumpfem Laut auf die Knie nieder. Mit harten, zuckenden Bewegungen fuhr sein Messer über das Holz. Dabei verkniff er das Gesicht und fuhr mit seinem Kopf vor und zurück wie eine Eidechse mit ihrer Zunge.

Nach einer Weile fragte Erkki: »Werden sie den Lehrer fangen?«

»Ja. Vielleicht wird es nicht nötig sein.«

»Wieso?«

»Er wird sich selber fangen. Er wird Sicherheitsnetze auslegen, in denen er sich verstrickt.«

»Glaubst Du daran?«

»Ich weiß es.«

Beide Männer arbeiteten schweigend weiter. Erkki dachte: »Ich werde nichts erzählen … Gott bewahre … erstens hat er mir nichts getan … zweitens will er ja auch leben … ich wußte doch gleich, daß ich ihn schon einmal gesehen hatte … er kann einem leid tun, obwohl er ein Mensch ist … weil er ein Mensch ist … Na, wenn Leo das bemerkt, schlägt er ihn tot, und wenn er erfährt, daß ich alles wußte, geht es mir nicht besser … aber … wie will .. soll .. er das erfahren? Das ist ausgeschlossen.«

Der Bürgermeister arbeitete schneller als Erkki, obschon er eine Hand ständig in Gebrauch hatte, um die Insekten abzuwehren. Während seine Rechte das Messer führte, schlug er mit der Linken auf den schweißglänzenden, muskulösen Nacken, vor die niedere Stirn, oder er griff schnell in die Luft und rieb seine Handfläche an der grauen Hose ab. Als sie fast fertig waren, sagte der Graue:

»Hast Du etwas Tabak in der Tasche? Die Insekten setzen mir so zu, diese langbeinigen Giftspritzer. Ich werde ihnen Dampf in die Rüssel blasen, das wird ihnen die Lust am Angriff nehmen.«

»Ja, ich habe Tabak.«

Erkki stand auf und ging zu dem anderen hinüber, der sich ebenfalls erhoben hatte und in seiner Hand eine Pfeife hielt.

»Ist das guter Tabak?«

»Ich weiß nicht,« antwortete Erkki.

»Du weißt das nicht,« sagte der Graue lauernd. »Du weißt nicht, ob der Tabak gut oder schlecht ist? Na, gib ihn mal her.«

Er stopfte sich seine Pfeife voll. Erkki hatte unterdessen sein Feuerzeug aus der Tasche gezogen und das kleine Rädchen mehrmals bewegt, bis der Funke an den Docht gesprungen und dieser aufgeflammt war. Die Flamme schwankte und warf spaßige Schattenfiguren auf ihre Gesichter, reckte sich wild hinauf und tanzte über der schmalen Öffnung, als der Graue, plötzlich, ohne die Pfeife in Brand gesetzt zu haben, heftig dagegen blies. Die Flamme verlosch. Erkkis Mund formte sich zu einer Frage, doch der Graue gab ihm zu verstehen, indem er einen breiten, am Nagel gespaltenen Finger auf die Strichlippen legte, daß ein lautes Wort nicht am rechten Platze sei. Die Raubmöwe schrie heiser auf und erhob sich von der Kiefer. Erkki bemerkte, daß die Hand des Bürgermeisters das Messer fest umschlossen hielt.

»Ist da jemand?« zischte Erkki.

»Still,« befahl der Graue und starrte in den dumpfen, nach Harz riechenden Schatten der Kiefern. Der Morgen lauerte schon feucht hinter den Bäumen und zwinkerte auffordernd dem Tau zu, der sich gewaltsam auf das Gras und auf die Büsche stürzte. Vögel begannen in ihrer Sprache zu reden, fingen mit der ewigen Liebhaberei an oder untersuchten Blätter und Äste, ob sich nicht irgendwo ein Frühaufsteher unter den Käfern hervorwage.

Da drangen aus dem Wald Geräusche, als ob sich jemand gewaltsam durch das Unterholz fortbewegte. Das magere Knakken hinfälliger, abgelebter Äste schlug an die Ohren der beiden Männer. Einen Augenblick lang dachte Erkki, daß es vielleicht Stenka, der Lehrer, sein könne, der die Nacht dazu benutzte, um sich unbemerkt aus Pekö zu entfernen. Die Geräusche wurden immer deutlicher. Plötzlich fuhr sich der Graue mit der Hand von hinten über den rasierten Schädel und lachte laut auf: aus dem Schatten war ein sonderbarer, in eine völlig zerrissene Pelzjacke gekleideter Mann auf die Lichtung getreten. Blätter hatten sich an seiner Kleidung festgesetzt. Um den Pelz zusammenzuhalten, hatte der Eigentümer in Bauchnabel- und Brusthöhe eine Schnur um den Körper gewunden. Unter der Schnur waren mehrere fette Kalmuswurzeln eingeklemmt, die frisch gepflückt schienen, denn das Wasser tropfte noch von ihren Spitzen auf den Sand der Lichtung. Der Kopf war klein und in strähniges Haar eingewickelt. Die linke Hand war zur Faust geballt, in der rechten trug er zwei große, braune Vogelfedern.

Erkki sah ungläubig auf diese Erscheinung. Er schüttelte in großer Verwunderung seinen Kopf.

Der Graue verschluckte ein heiseres Lachen und fragte halblaut: »Kennst Du ihn nicht?«

»Nein.«

»Das ist der Petrucha. – Er ist wahnsinnig. Er könnt einem, wie er so dasteht, einen Schrecken einjagen. Früher soll er Mönch gewesen sein. Jetzt lebt er hier am See in einer Schilfhütte. Er ist schon eine Ewigkeit lang auf der Suche nach seinem Bruder. – He, Petrucha! Komm näher!«

Der Graue nahm Erkki das Feuerzeug aus der Hand, setzte seine Pfeife in Brand, schlug die Beine übereinander, lehnte sich gegen den Rumpf eines Bootes und lächelte.

Der Wahnsinnige ging langsam auf die Männer zu. Vor dem Teereimer blieb er stehen, schnüffelte, indem er sich darüber beugte, steckte einen Finger in die schwarze Masse und wischte ihn wieder an seinem Pelz ab. Dann tauchte er die beiden Vogelfedern ein und klebte sie sich an die Stirn. Seine Augen flackerten unruhig in ihren Höhlen. Als er sich noch einmal versichert hatte, daß die Federn fest an seiner Stirn klebten, kletterte er auf ein Boot, riß eine Kalmuswurzel heraus, biß davon ab und sagte mit einer merkwürdig heulenden Stimme:

»Meine Herren! Alle Menschen sind gewaltige Vögel! Sie brauchen nur den Kopf, meine Herren, dranzubehalten und über die Wolken zu erheben, dann seid Ihr beide, meine Herren, Drossel, Krähe oder Storch!«

Ein greller, heulender Ton stieß zwischen den Barthaaren aus seinem Munde hervor, dann sprang er, mit den Armen die Gebärde des Fliegens andeutend, auf den Sand. Bei seinem Aufprall hörten die Männer ein gläsernes Klirren. Der Alte stand auf und bewegte sich, an der Kalmuswurzel kauend, langsam auf Erkki zu.

Er sagte: »Mein junger Herr! Gestern vormittag traf ich den Frühling. Er stand vor einer Bank und spaltete schon Trockenfleisch für seine Winterreise. Wenn man jung ist, soll man Reisen machen – iiiih!«

Erkki erschrak, als der heulende Ton dicht an seinem Ohr hervorgestoßen wurde. Er mußte an Stenka denken.

Der Graue sog an seiner Pfeife und grinste. Er versperrte mit seinen Schuhsohlen einem grünglänzenden Käfer den Weg. Als das Tier zurückkriechen wollte, trat der Bürgermeister mit dem Absatz darauf.

Petrucha beugte sich hinter Erkki, wo auf einem Boot ein Messer und ein Hammer lagen.

»Kratzen,« sagte er dann auf einmal, »kratzen, kratzen. Messer gehören in die Brust oder zum Brot. Mit Glas kratzt man, hier.«

Er faßte mit der Hand in einen Beutel, den er hinter dem Rücken hervorholte und brachte eine Axt, Büchsen, Lappen, Federn und einige Glasscherben zum Vorschein. Er reichte hastig Erkki die Scherben hinüber.

»Zum Kratzen,« heulte er und stopfte das andere Zeug wieder in den Beutel. Der Graue nickte und murmelte:

»Hübsch, ganz hübsch.«

Da drehte sich der Alte plötzlich um, reckte seinen kleinen Kopf aus den Schultern heraus, sog, während seine Nasenflügel zitterten, die Luft ein, gierig, als ob sich ein Hungernder von der Luft sättigen wollte. Dann kreischte er:

»Der Wind ist abgereist. Jetzt können die Boote ins Wasser; sie werden Euch nicht riechen auf der Insel. Die Mönche, die bärtigen Könige! Fahrt hinüber zu ihnen! Sie wollen wie der da« – er schaute auf den Himmel – »in reiner Luft leben, in weißer, göttlicher Luft. Aber sie denken nicht daran, daß kein Mensch in dieser sauberen, gläsernen Luft leben kann. Da muß man sterben wie ein Fisch auf dem Sand. Diese Luft ist nur für ihn gemacht … iiiih!«

Er sah den Grauen an und kicherte:

»Du siehst schon so aus, als ob die Revolution Deine Geliebte wäre; ein fettes Weib –«

Der Bürgermeister preßte den Finger mit dem gespaltenen Nagel auf die schmalen Lippen und sah den Wahnsinnigen mit einem harten Blick an. Plötzlich schrie er:

»Hör auf, Du bärtiger Idiot, halte Dein Maul, sonst werde ich Dich an Deinen Haaren aufhängen. Dann kannst Du zappeln wie ein angepflockter Frosch.«

Der Alte blickte ängstlich-lauernd auf den Grauen. Als er merkte, daß es nur bei der Drohung blieb und man ihm nichts tun wollte, ging er mit kleinen Schritten zu Erkki hinüber und stellte sich dicht vor ihn hin. Wie um sich zu besinnen, schloß er die Augen und begann kindisch mit seinem kleinen Kopf zu wackeln, bis er, die Lider wieder hebend, seine Hand ausstreckte und Erkkis rötliches, sich kräuselndes Barthaar zu streicheln begann.

»Junger Bart,« sagte er, seine heulende Stimme zitterte wie eine defekte Sirene. »Heimliche Geschichten sind in den Bärten, schützen vor Sonnenbrand, nicht?«.

Der Graue zog wieder an seiner Pfeife und lächelte.

»Du mein Jesus,« sagte der Alte, »einen Bart kann man nicht ausziehen wie ein Hemd, der sitzt einem immer an der Kehle, wenn man sie nicht durchschneidet. Du mein Jesus, die Nacht schaukelt auf den Zweigen.«

»Hübsch«, kicherte der Graue, »er ist wahnsinnig, aber das war hübsch.«

Erkki stand ruhig da und ließ den Alten gewähren, der ihm mit der Hand über den Bart strich.

Petrucha sagte: »Du bist jung, woher kommst Du? Roch Dein Vater nach Zwiebeln, ja?«

»Ich bin in Kalaa geboren,« antwortete Erkki und trat einen Schritt zurück.

»So, in Kalaa; das war ein guter Einfall von Dir, in Kalaa zur Welt zu kommen. Dein Vater war wohl ein Kirchturm?«

Erkki biß die Zähne aufeinander und machte eine ungeduldige Kopfbewegung. Der Alte war ihm lästig.

»Starb Dein Vater an der Schwindsucht? Du mein Jesus, wenn jemand an der Schwindsucht stirbt, dann ist er so dünn wie ein Grashalm.«

Erkki blickte schweigend auf die Stirn des Mannes und dachte: ›er fiebert, er ist krank, man sollte ihn in ein Spital bringen.‹

Der Bürgermeister drückte seinen Körper vom Boot ab, indem er den Rücken krümmte und ging, das Messer in der Hand, zu Petrucha. Er sagte:

»Hör auf mit diesem dämlichen Geplapper, – wenn Deine Mutter das hörte, sie würde sofort von der Gicht geplagt werden. Hast Du noch eine Mutter?«

Der Alte schwieg ängstlich und blickte in den Sand.

»Ob Du noch eine Mutter hast?«

»Nein.«

»Genau so siehst Du aus. Wer eine Mutter hat, besitzt ein halbes Vermögen. Hast Du noch eine Mutter, Erkki?«

Erkki schüttelte den Kopf.

»Ich habe auch keine mehr,« sagte der Graue grinsend. »Sie überließ mich mir selbst, als ich geboren wurde. Ich weiß nicht einmal, wie sie aussah …« er zerdrückte ein Insekt und wischte die Hand an der Hose ab.

»Glaubst Du, daß Dein Bruder noch lebt?«

Petrucha nickte.

»Er lebt noch«, heulte er, »er hält sich versteckt hinter

Häusern, hinter Bäumen, hinter Sträuchern. Er lebt mit den Sträuchern.«

»Was will er von seinem Bruder,« fragte Erkki den Bürgermeister leise. »Warum sucht er ihn?«

»Warum suchst Du eigentlich Deinen Bruder?« fragte der Graue laut den Alten. »Was willst Du von ihm?« Er wischte sich mit der Hand von hinten über den rasierten Schädel.

Der Alte unterdrückte ein Rülpsen, blickte auf seine schmutzigen, aufgerissenen Hände und erzählte, während seine Augen flackerten: »Als ich wegmußte, für 12 Jahre, da sagte ich dem Bruder: Du könntest meiner Frau helfen. Sie ist allein, so allein wie ein Habicht, hihihi, … ich hatte damals gerade geheiratet. Mein Bruder zog zu der Frau, um ihr zu helfen. Das erfuhr ich aber erst, als ich schon fort war. – Ich war weit fort. Hinter dem Buckel der Welt. Aber meine Axt blieb zu Hause, die durfte nicht mit ..

Als ich zurückkam, wollte ich meiner Frau eine gelbe Schüssel mitbringen. Du mein Jesus, eine neue Schüssel … Die ist jetzt kaputt!«

»Warum ist die Schüssel kaputt?« fragte der Bürgermeister belustigt.

»Ich habe sie zerschlagen. Die Schüssel mußte sterben, meine Herren. Sie zersprang ohne großen Lärm. Plrrrr machte sie nur … Als ich zurückkam und in die Küche ging, da saß ein kleines Mädchen neben meiner Frau am Herd. Der Winter wird ihr das Kind nicht gebracht haben, dachte ich, der Winter bringt keine Kinder. ›Woher hast Du das Mädchen?‹ schrie ich sie an. ›Von wem ist es!?‹ Das Kind sah mich an und weinte. Die Frau jammerte: ›Von Deinem Bruder!‹«…

»Wo ist mein Bruder? schrie ich. ›Ich weiß es nicht‹, sagte sie. Da warf ich die Schüssel. Sie machte bestimmt nur pllrrrr, meine Herren. Ich wollte die Frau treffen, aber die trat zur Seite, und die Schüssel zersprang am Herd. Du mein Jesus, dicht am Kopf des kleinen Mädchens zersprang die Schüssel; ich sah noch, wie Blut über das Ohr lief. Schönes Blut. Es war nicht grün, es war rot. Rot wie die Augenränder der Raubmöwe.«

Der Graue lächelte:

»Und seitdem suchst Du Deinen Bruder, den Holzschiffer?«

Petrucha nickte und zog seine Axt aus dem Beutel. Plötzlich heulte er auf und lief watschelnd in den Wald zurück, während das Lachen des Bürgermeisters ihn verfolgte.

»Er ist wahnsinnig,« sagte der Graue nach einer Weile, »er ist vollkommen verrückt.« –

Erkki atmete hastig; die heulende Stimme des Alten klang noch in seinen Ohren.

Das Morgengrauen wagte sich hervor, es war wie ein lautloser Angriff auf die Nacht. Die Nacht war wie ein Käfig ohne Ventilation. Das Morgengrauen schien Frischluft zu bringen.

»Wir wollen gehen,« sagte der Graue. Er wartete, bis Erkki das Werkzeug zusammengesucht hatte, und starrte zur Insel hinüber.

»Ob Roskow seinen Laden schon offen hat?«

»Ich glaube schon, er wird heute kaum geschlafen haben.«

»Warum?«

»Die Miliz hat ihm die Tür eingeschlagen.«

Der Bürgermeister grinste. »Um so besser. Dann kann ich mir gleich einen Schnaps holen. Hübsch, ganz hübsch!«

Sie gingen am Bach entlang nach Pekö zurück. Als sie auf der kleinen Holzbrücke vor Roskows Gasthaus standen, war es taghell. Der Graue klopfte seine Schuhe am Geländer ab. Dabei fiel der Dreck in den Bach. Erkki sah ihm zu.

»Am leichtesten kann sich der Mensch von seinen Fesseln

befreien«, zitierte der Bürgermeister. Das hatte er irgendwo aufgeschnappt. Dann ging er zum Gasthaus hinüber und blieb unter einem gelben Emaille-Plakat stehen, auf dem eine Bierfabrik im Westen die Qualität ihres Getränkes anpries. Ein fetter Fünfzigjähriger, mit blanker Stupsnase und gekämmtem Bart setzte gerade ein Glas an. Über das Schild lief eine Spinne. Der Graue wischte sie herunter und trat mit dem Absatz darauf.

»Willst Du nicht mit hineinkommen, Erkki,« fragte er.

»Nein, Leo erwartet mich sicherlich schon.«

An einem Fenster tauchte Roskows Kopf auf. Er betupfte mit einem Tuch seine Bartflechte und sah auf den Bürgermeister hinab. Als er bemerkte, daß dieser zu ihm hereinkommen wollte, verschwand er vom Fenster. Erkki befreite seine Schuhe von Erde und Lehm und ging allein weiter. Er brauchte niemand zu grüßen, denn um diese Zeit ließ sich kein Mensch auf der Straße sehen. Die Sonne kündigte sich bereits an, ihre ersten Strahlen schienen ihm auf den Rücken. Vor dem Gefängnis standen zwei Posten: einer knabberte an seinen Nägeln, der andere rauchte und umarmte sein Gewehr. Erkki blickte schnell hinüber zu den kleinen, vergitterten Fenstern; hinter manchen brannte noch eine zuverlässige elektrische Birne. In ihrem Licht bewegte sich dann und wann eine Gestalt. Aus der Entfernung sahen die Köpfe sonderbar aus, als ob sie präpariert worden wären, wie Schrumpfköpfe, die von manchen Wilden als Andenken an ihre Gegner aufgehoben werden. Als er den riesigen, braunen Schlüssel umdrehte, klackte es wieder. Die Tür zum Blumenladen war abgeschlossen. Demnach mußte Leo noch schlafen. Erkki fühlte sich totmüde. Er warf den Beutel mit dem Werkzeug vor den grünlichen, halbblinden Spiegel und stieg langsam die ächzende Treppe hinauf. Plötzlich prallte er zurück. Die Witwe war lautlos aus ihrem Zimmer getreten und hinderte ihn, die letzte Stufe zu nehmen. Offenbar hatte sie vergessen, die obere Hälfte ihres Kattunkittels zu schließen. Sie versperrte mit ihrem Körper den Weg und beugte sich zu Erkki hinab. Sie stützte sich mit einer Hand auf das Geländer und mit der anderen gegen die Wand. Ihre nackten Füße steckten in ausgetretenen Filzlatschen.

»Ach, Du bist es, Erkki,« winselte sie werbend und schob ihr Gesicht nah an das seine heran. Er sah sie gleichgültig an.

»Was hast Du eigentlich gegen mich,« fragte sie leise. »Verachtest Du mich vielleicht?«

»Vielleicht.«

»Warum bloß? Um alles in der Welt, was habe ich Dir denn getan? Komm, erzähl mir, was Du gegen mich hast.« Sie gab den Weg frei.

»Wenn ich nicht so müde bin und etwas mehr Zeit habe,« sagte Erkki, ließ sie stehen und verschwand in seiner Kammer. Das Fenster stand offen, Stenka lag mit verschränkten Armen auf dem Bett. Er atmete unregelmäßig und zuckte mit der Oberlippe, um eine Fliege zu verjagen. Die Fliege setzte sich auf den Spiegelscherben und kehrte nach einer Weile wieder zurück. Aus Stenkas Tasche war ein broschiertes Buch herausgefallen. Erkki buchstabierte: D.e.u.t.s.c.h.e G.r.a.m.m.a.t.i.k u.n.d S.p.r.a.c.h.l.e.h.r.e. – Er schob das Buch vorsichtig in die Tasche des Schlafenden zurück und dachte: ›Von mir hat er nichts zu befürchten … um Gottes Willen … er hat mir ja nichts getan.‹

Nebenan begann die Witwe unterdrückt zu weinen.

Stenka schlug die Augen auf und sah Erkki verwirrt an. Dann richtete er sich mühsam auf und lächelte:

»Du bist ja beinahe die ganze Nacht fortgewesen,« sagte er. »Willst Du Dich jetzt hinlegen?«

Erkki schüttelte den Kopf.

»Natürlich mußt Du jetzt schlafen, Du mußt sehr müde sein. Ich stehe auf.« Er erhob sich und trat an das Fenster.

»Wo Leo nur bleibt?«

»Er ist fortgefahren,« sagte Stenka, »noch gestern abend.«

»Wohin?«

»Nach Kalaa.«

»Nach Kalaa?« Erkki glaubte, der Mann würde unsicher werden bei diesem Wort. Er stellte sich vor, daß an allen Holzwänden in Kalaa Aufforderungen zur Ergreifung des Lehrers klebten. Stenka nahm sein Ohrläppchen zwischen die Finger. Einige Wildtauben flogen am Fenster vorüber. Erkki ärgerte sich über die Sicherheit dieses Mannes. Er sagte: »Der Lehrer wurde noch nicht gefangen. Er scheint schlau zu sein, schlauer jedenfalls als die meisten von ihnen. Ich bin gespannt, wann sie ihn bekommen. Daß sie ihn bekommen, ist gar keine Frage, fragt sich nur, wann …«

»Was werden sie mit ihm tun?«

»Aufhängen,« sagte Erkki und erschrak über die Unmittelbarkeit seiner Antwort, »bestenfalls erschießen.«

»Weißt Du das genau?«

Er nickte. – Stenka wandte sich vom Fenster ab und zog seinen Karton hervor. Auf der Straße bellte ein Hund.

»Was willst Du tun? Willst Du gehen?«

»Nein. Ich will meine Uhr in den Karton legen. Wenn man auf das Mitgefühl der Zeit angewiesen ist, braucht man keine Uhr. Ich habe noch nie Uhren leiden können.« Er zitterte vor Kälte.

»Du sprichst wie ein Lehrer,« sagte Erkki mit zynischem Lachen. »Du sprichst wie ein Lehrer von seinem wackligen Katheder.« Seine Augäpfel traten weit hervor. »Ich wollte, sie fingen ihn noch heute. Dann würde ich mir einen guten Platz am Galgen besorgen. Ich würde den Platz sogar bezahlen. Lehrer sind die gefährlichsten Kreaturen, hier, auf dieser Welt. Sie haben die Menschen völlig in ihrer Hand; sie können sie aufhetzen und verblöden lassen. Wer jung ist, läßt sich immer beeinflussen, und –«

Stenka stand halbgebeugt da und beobachtete ihn wie ein wachsamer Hund.

»– und die Eltern müssen ihre Kinder selber erziehen.«

Er spuckte zum Fenster hinaus. »Wenn sie ihn heute fangen, ich besorge mir einen guten Platz. Das steht fest. Man sollte der Miliz helfen, ihn zu finden.«

Es herrschte einen Augenblick Stille. Über dem Garten schwebte ein Habicht wie ein in der Luft befestigtes Staubtuch.

»Außerdem«, sagte Erkki etwas leiser, »könnte man zu etwas Geld kommen, wenn man ihn an den Galgen lieferte.«

Er zog den Spiegelscherben vom Nagel herunter und säuberte ihn an seinem Ärmel. Stenka öffnete seinen Karton und legte die Uhr hinein. Er spürte, daß diese Worte nicht echt gewesen waren. Was sollte er tun? Wenn er fortginge: sie hätten ihn in spätestens vier Stunden eingefangen. Er dachte an seinen Freund in Kalaa, mit dem er zusammen auf dem Seminar gewesen war. Ob er es wohl wagte, ihn noch einmal zu verstecken? Von ihm hatte er den Karton bekommen und die schäbige Kleidung. »Du mußt schäbig aussehen, wenn Du nicht verdächtigt werden willst« hatte sein Freund gesagt. Aber der hatte leicht reden, man ließ ihn ungeschoren, weil er der Partei angehörte.

Erkki sagte plötzlich: »Hast Du keine Angst? – Du bist doch ein Lehrer!?«

»Nein, ich bin kein Lehrer. Ich sagte Dir, daß ich in einem Sägewerk gearbeitet habe.«

»In einem Sägewerk, oh, natürlich. In einem Sägewerk; beim Borken verschwinden ja die Schwielen. Ich dachte im Augenblick nicht daran. Wie konnte ich vergessen, daß man an der Kreissäge so viel Zeit hat, die deutsche Sprache zu lernen!«

Sie schwiegen.

Von der Witwe nebenan war nichts zu hören.

Der Habicht flog zu den Kiefern hinüber.

DRITTES KAPITEL

Petrucha

Sie hatten ihn mitten aus der Arbeit heraus fortgeholt, als er in den Kiefernwäldern bei Kalaa seine Axt schwang und die Säge an die Baumstämme legte. Sie kamen zu ihm und hielten ihm ein Dokument unter die Nase. Da wischte er sich die nassen Haare aus der Stirn, wickelte einen Lappen um die Säge, band seine Axt ein und ging mit ihnen. Petrucha hörte noch einmal auf das knorrige Rauschen der Baumwipfel, wie sie sich dehnten und ächzend Zwiesprache hielten. Er verwahrte das metallene Werkzeug in einem hölzernen, schiefen Schuppen, hieß die Männer vor seiner Hütte warten, ging selber hinein und tröstete seine junge Frau, die er sich erst vor kurzem genommen hatte. Er müsse jetzt fortgehen, für 12 Jahre, als Soldat, nach Odessa – wie die Männer sagten – und er werde ihr schreiben. Sie solle sich nur an seinen Bruder halten, den Holzschiffer, der werde schon für sie sorgen. So sagte Petrucha und umarmte sein junges Weib und ging dann hinaus zu den Männern, die in einem Wagen saßen und ungeduldig auf ihn warteten.

Sie brachten ihn aber nicht nach Odessa, sondern nach Petersburg, und da fragten sie ihn, was er gelernt habe, und was er könne.

»Ach,« sagte Petrucha, »ich kann die Axt gebrauchen und mit der Säge umgehen, und um mein Augenmaß ist es nicht schlecht bestellt.«

Da schickten sie ihn in die Werft hinüber, wo er als Schiffszimmermann arbeiten mußte.

Nach einem halben Jahr schrieb er mit Hilfe eines Beamten den ersten Brief, in dem er mitteilte, daß das Essen kräftig und der Verdienst gering sei, aber deswegen kein Grund zur Beunruhigung vorliege, denn in elf-ein-halb Jahren werde er ja wieder zu Hause sein, in elfeinhalb Jahren. Auch fragte er an, ob der Bruder sich als rechter Helfer erweise, und wie es um die Geräte im schiefen Schuppen bestellt sei. Und zum Schluß fügte er ein, daß er nicht mit einem Urlaub in den zwölf Jahren rechnen könne, das verböten die Bestimmungen.

Nach mehreren Monaten erhielt er eine Antwort. Die Frau schrieb ihm, daß sein Bruder nun bei ihr wohne, und daß es ihr an nichts fehle. Da wurde Petrucha für einen Herzschlag lang unruhig. Dann aber sagte er sich, daß dies nur zum Besten sei, und daß man es dabei belassen sollte.

Sieben Jahre blieb er in Petersburg, und viermal hatte er noch Briefe abgeschickt. Bis auf den letzten waren ihm alle beantwortet worden. Sieben Jahre – das war mehr als die Hälfte der Zeit, die er fortzubleiben hatte, und die letzten Jahre vergehen ja schneller als die ersten.

Eines Morgens weckte man ihn aus seinem Schlaf und befahl ihm, alles, was ihm gehörte, in einen Beutel zu stecken, diesen mit einer Nummer zu versehen, ihn abzugeben und sich selbst unverzüglich am Hafen einzufinden.

Zwei Linienschiffe hatten an der Pier festgemacht, und vor ihnen standen schon einige Männer, denen er sich zugesellte. Sie sprachen von großer Reise, von Murmansk und Wladiwostok, bis auf einmal ein Offizier zwischen sie trat, die Männer zur Ordnung rief und sie auf die Schiffe gehen hieß. Auf dem Schiff erhielt Petrucha eine Hängematte und ließ sich zu einer Wache einteilen. Als Zimmermann ging es ihm insofern gut, als er seine Wache unter Deck halten mußte, und das war, zumal da draußen der Winter herrschte und der Frost seine Peitsche ständig in Gebrauch hatte, eine große Erleichterung. Noch am gleichen Tag wurden die Leinen losgeworfen, der Schiffsrumpf erzitterte, und als die Schlepper entlassen worden waren, ging es mit eigener Kraft der See zu. – Sie hatten kein schweres Wetter zu überstehen und gelangten nach einigen Tagen, nachdem sie sich von den anderen Schiffen getrennt hatten, in das nördliche Eismeer. Petrucha stand auf dem hinteren Aufbaudeck und sah verwundert in die weiße, betäubende Stille, auf die mächtigen Eisgletscher, die sich gemächlich treiben ließen, während sie die zerklüfteten, kreuz und quer gespaltenen Rücken in die Luft hoben. Hier und da wurde die weiße Stille zerrissen, wenn das Eis donnernd barst. Robben und Seelöwen fuhren auf den Schollen spazieren und lauschten mit erhobenem Kopf in die Einsamkeit, während ihre dunklen, klugen Kinderaugen zu dem Schiff hinüberblickten. Einige flüchteten erschreckt, andere ließ die Neugierde verweilen.

Petrucha dachte an den Brief, der ja nun fällig war, und an das Gerät in dem schiefen, hölzernen Schuppen. Sie hatten ihm nicht gesagt, wo die Fahrt hingehen sollte und wie lange er auf dem Schiff würde bleiben müssen. Er wußte ja, daß es nur noch fünf Jahre waren, bis er zurückkehren konnte in die Karelischen Wälder. Dann würde er seinerseits dem Bruder alle Hilfe angedeihen lassen und ihm zur Hand gehen, wo immer es vonnöten sein sollte. Er würde es ihm schon zu danken wissen!

Am zweiten Tage des Februar gingen sie auf der Reede von Port Arthur vor Anker. Außer ihnen ankerten da schon manch

andere Schiffe: Kreuzer, Torpedoboote, Zerstörer und Linienschiffe.

Petrucha sah zum ersten Male in seinem Leben gelbe Menschen mit schmalen Mandelaugen, die sich flink in kleinen
Booten näherten und manch seltene Kleinigkeit zum Verkauf
feilhielten. Es interessierte ihn aber wenig, er stand auf dem
hinteren Aufbaudeck und sah auf den lustigen Markt, der da
veranstaltet wurde. Er wußte nicht, daß die kleinen, bebrillten
Beamten der japanischen Botschaft in Petersburg vor einigen
Tagen ihre Koffer gepackt hatten und ohne Gruß und Erklärung abgereist waren, und er wußte auch nicht, daß in einem
gar nicht so entfernten japanischen Hafen schmale, dunkelgrüne Torpedoboote lagen, die schon beladen waren.

Und als sie an einem Abend ein Bordfest gefeiert hatten und
sich gerade in die Hängematten legten, da schien denn wirklich der Weltuntergang begonnen zu haben. Ein mächtiges
Dröhnen, Knallen und Schreien weckte Petrucha. Er eilte an
Deck, und da sah er, daß die Luft rot war, daß fast alle Schiffe
brannten, einige sogar schon gekentert waren – und von allen
Seiten her drangen Schreie an sein Ohr. Am Horizont kreuzten
schmale, dunkelgrüne Boote, und dann und wann blitzte es
in ihnen auf, um nach wenigen Sekunden mächtig heranzu-
pfeifen und sich dröhnend in ein Schiff einzulassen. Petrucha
stand ratlos, bis ihm auf einmal eine stählerne Hand vor die
Brust schlug, so daß er auf die Planken fiel und von sich und
dem wilden Vorgang nichts mehr wußte.

Als er die Augen wieder öffnete, lag er in einem Zug. Neben
ihm, über ihm, unter ihm, überall lagen Männer, von denen
manche stöhnten oder weinten. Er wollte aufstehen, der Petrucha, da fühlte er einen Verband um die Brust. Aus seinem
Schlund pfiff es. Es wird meiner Lunge etwas passiert sein,

dachte er. Er blieb ruhig liegen, und wenn die Träume kamen, wenn er in phantastische Niederungen hinabstieg, um zu vergessen, dann glaubte er, er sei ein Vogel und alle Menschen, denen er begegnete, seien auch Vögel, wenn sie sich nur reckten und ihren Kopf genügend über die Wolken hielten.

Zweimal am Tag bekam er aus einer Schüssel zu essen, Suppen meistens, die mit wenig Salz zubereitet waren.

Mehrere Wochen blieb er in diesem Zug und er rechnete sich aus, wieviele Jahre ihm noch blieben, bis er nach Hause konnte, und er dachte an das metallene Werkzeug in dem hölzernen, schiefen Schuppen und an seinen Bruder, den Holzschiffer.

Sie brachten ihn in ein Lazarett, wo es nach Karbol roch, nach Schweiß und nach Eiter. Sie pflegten ihn so lange, bis er aufstehen und aus seiner Schüssel essen konnte, einer gelben, nicht zu großen Schüssel, aus der man ihn bereits im Zug gefüttert hatte. Er fühlte keine Schmerzen mehr, aber wenn Petrucha schnell sprach, dann pfiff es aus seinem Schlund. An warmen Nachmittagen wagte er kleine Spaziergänge, wobei es ihn immer zum Wald zog. Schreiben wollte er nicht, man war ihm ja noch einen Brief schuldig. Es gefiel ihm gut in dem Lazarett, wenn ihm auch dann und wann die Arbeit fehlte.

An einem Vormittag rief man ihn zur Ärztestube, und da erfuhr er, daß man ihn entlassen wolle, weil er wieder gesund sei, aber wiederum nicht so gesund, daß er auf die Schiffe hätte zurückmüssen. Um seine Tage hinzubringen, dafür sei er gesund genug; er solle nur schon all das, was ihm gehöre, langsam zusammensuchen und sich auf seine Heimreise vorbereiten. Das Eigentum des Lazarettes, Decken, Wäsche, Seife und das Eßgeschirr, müsse er natürlich zurücklassen.

Petrucha ging hin und band alles in einen Beutel und dachte an die Karelischen Wälder, und als er schon unterwegs war und seinen Beutel zum ersten Male öffnete, da entdeckte er, daß er die gelbe Schüssel nicht abgegeben, sondern sie in den Verwirrungen der letzten Stunden vor der Abreise mitgenommen hatte. Vielleicht werden sie mir folgen, dachte er, und die Schüssel zurückfordern. Aber kehrt machen werde ich auch nicht deswegen. Und er saß in einem Güterwagen, kaute auf einem Streichholz und war ganz froh über den Besitz der Schüssel, denn mit ihr besaß er zumindest etwas, das er seiner jungen Frau nach so langem Fernbleiben schenken konnte.

Kniehoch lag der Schnee, als Petrucha, einen Leinwandbeutel in der Hand, durch den Wald ging. Die Seen waren gefroren. In der Luft lag flimmerndes Weiß, und das Auge wurde geblendet. Hier und da löste sich von den Kiefern – wenn ein Vogel dagegenstieß oder das Gewicht zu groß wurde – eine Schneegestalt und tanzte glitzernd zur Erde. Der Frost saß in der Borke und hielt den Harzgeruch, der sich einem sonst süß und schwer auf die Lunge legte, in seiner unsichtbaren, harten Umarmung gefangen. Petrucha ging langsam, er war einen längeren Fußmarsch noch nicht gewohnt.

Ob sie ihn gleich erkennen würde? Er hatte sich den Bart wachsen lassen und die Haare, und wenn man ihn nur flüchtig ansah, konnte er leicht für einen alten Mann genommen werden. Was sie wohl sagen würde, wenn er schon vor der Frist nach Hause käme? Petrucha ging und ging, bis er auf einmal stehen blieb und horchte. Es war sein früheres Revier, in dem er stand. Axtschläge drangen an sein Ohr. Wer wird das sein, der da arbeitet, dachte Petrucha. Jetzt bin ich ja wieder hier, jetzt kann der fortgehen. Ich werde mich bald erholen. – Als die Axtschläge für einen Augenblick aussetzten, ging er weiter. Es war nicht mehr weit bis zu seiner Holzhütte, er kannte den

Weg genau, jeden Baum, der ernst auf ihn hinuntersah, glaubte er wiederzuerkennen.

Da schimmerte zwischen den Stämmen auch schon der schiefe Schuppen hervor, auf seinem Dach lag eine dicke Schneedecke. Petrucha blieb stehen, entnahm seinem Leinwandbeutel die gelbe Schüssel und sah sie prüfend an. Er wischte mit dem Ellenbogen über den Rand und ging quer über den Hof. Niemand war zu sehen, auf den Fenstern blühten die Frostblumen. Er klopfte nicht mit seinem Knöchel an die Tür, sondern drückte einfach die Klinke hinunter und stand unversehens in dem halbdunklen, engen Gang. Das Feuer knisterte im Herd, die Tür zur Küche war nur angelehnt. Auf einem Nagel, den er selbst in das Holz geschlagen hatte, hing die Mütze seines Bruders, des Holzschiffers. Im Flur war es still und kalt. Da stieß Petrucha die Küchentür auf: am Herd stand seine Frau, die aufsah, als sie das Geräusch vernahm. Sie erkannte ihn nicht gleich. Petrucha sah, daß sie mager geworden war. Neben dem Herd stand ein Hocker, und darauf saß ein Kind, wenige Jahre alt. Es war ein Mädchen. Petrucha hielt die gelbe Schüssel in der Hand und starrte auf seine Frau. Da erkannte sie ihn und wollte ihm mit ihren mageren, ausgestreckten Händen entgegen gehen, – aber er sagte: »Bleibe Du da stehen! Rühre Dich nicht von der Stelle!«

Die farblosen Lippen der Frau öffneten sich, sie wollte etwas sagen. Petruchas Augen waren auf den Hocker gerichtet. Auf einmal schrie er:

»Wem gehört das Kind? Woher kommt es?«

Die Frau zitterte am ganzen Körper.

»Von wem dieses Mädchen ist, will ich wissen!?«

»Von Deinem Bruder,« sagte die Frau leise und blickte auf den Fußboden. Petrucha ließ den Leinwandbeutel fallen, und preßte eine Hand auf die Brust. Die Frostblumen am Fenster begannen wegzusterben, während es im Herd knackte und zischte. »Wo ist mein Bruder?«

Die Frau zuckte mit den Schultern.

Da fuhr die Hand mit der Schüssel zurück, und plötzlich flog das gelbe Geschirr auf die Frau zu, die schnell zur Seite trat. Klirrend zersprang das Gefäß am Herd, nahe am Kopf des kleinen Mädchens. Petrucha ließ seinen Beutel auf der Schwelle liegen und wandte sich um. Er stürzte über den engen Gang und lief zu dem schiefen Schuppen hinüber. Die Frau in der Küche beugte sich über das weinende Kind, dem aus einer Wunde über dem rechten Ohr unaufhörlich Blut drang.

Das metallene Gerät lag da, wie Petrucha es vor Jahren in ein Tuch eingebunden und im Schuppen verwahrt hatte. Er zog die Axt hervor, riß den Lappen ab, versuchte, den Rost zu entfernen, alles in unsäglicher Hast, mit wilden, eckigen Bewegungen. Dann trat er aus dem Schuppen und schlug mit der stumpfen Seite gegen das Dach, daß der Schnee nur so herunterstob. Er blickte nicht mehr zum Haus hinüber, sondern lief keuchend in sein Revier, wo er vor kurzem noch Axtschläge vernommen hatte.

Im Schnee entdeckte er auch bald Fußspuren, denen er nachging, bis er einen Mann bei der Arbeit erblickte, der ihm den Rücken zukehrte. ›Das wird er sein‹, dachte Petrucha, ›mein feiner Bruder, der hilfsbereite Holzschiffer. Das wird er sein.‹

»He«, rief er, als er dicht hinter dem arbeitenden Mann stand und die Axt erhoben hatte, »drehe Dich nur um, Du Vogel!«

Der Mann drehte sich um, sah Petrucha mit der erhobenen Axt vor sich stehen und blickte ihn ruhig an. Als er aber das Flackern in den Augen des Bärtigen entdeckte, sprang er schnell einige Schritte zurück.

Petrucha ließ die Axt sinken und keuchte:

»Was tust Du hier in meinem Revier, Du Vogel. Willst dem Frühling eine Hütte bauen, wie? Nimm Dein Werkzeug und verschwinde. Sonst wirst Du Deinen Kopf nicht dranbehalten. Hast Du meinen Bruder nicht gesehen?«

»Ich kenne Deinen Bruder nicht,« sagte der Mann, sammelte sein Werkzeug zusammen, steckte es in einen Sack und ging. Petrucha sah ihm nach, wie er durch den Schnee stapfte und zwischen den Bäumen verschwand. Dann blickte er sich prüfend um und näherte sein Gesicht einem Kiefernstamm, roch daran, löste, indem er die Axt zu Hilfe nahm, Borkenstückchen ab und steckte diese in die Tasche. Er setzte sich auf eine Kiefer, die am Boden lag, und saß so mehrere Stunden, bis in den Nachmittag hinein; dann lief er hinunter zum See. Mit wütenden Schlägen hackte er ein Loch in das Eis und lauerte, eine Stockgabel in der Hand, auf Fische. Dabei dachte er an seinen Bruder, den Holzschiffer, und es war ihm nicht möglich, seine Gedanken woanders hinzuschicken. ›Ich werde ihn schon finden,‹ sagte er sich, ›ich werde diesen feinen Bruder schon finden.‹

*

Petrucha wanderte durch die Karelischen Wälder, fuhr auf zusammengebundenen Bäumen über die Seen, aß Fische und Trockenfleisch, Sommer für Sommer, und suchte den Bruder.

Überall, wo er, die Axt auf dem Rücken, an Menschen vorüberkam, war man auf der Hut vor ihm oder verlachte und verspottete den merkwürdigen Alten mit dem Bart. Sie sperrten ihn auch ein, im Norden, aber als man ihn wieder entließ, ging er zum Büro, ließ sich seine Axt zurückgeben und lief wieder von Norden nach Süden. Sie kannten ihn gut, in Finnland, und alle sprachen davon, wie er in Valmo eine Holzkirche betreten und dabei die Axt in der Hand behalten und, nachdem er hinausgegangen war, vor Kindern getanzt und Borke verteilt hatte. Fast hätte er es einmal schon aufgegeben, seinen Bruder zu suchen. Das war in einem Sommer, im Süden, da er die großen Seen überqueren wollte.

Damals saß er auf zwei zusammengebundenen Baumstämmen und trieb sein Fahrzeug mit einem Brett vorwärts, das er als Paddel verwendete. Die Insel wollte er links liegen lassen, auf der andern Seite des Sees an der Lichtung landen und sich dann durch den Wald nach Pekö wenden. Als er indes ein gutes Stück vom Ufer entfernt war, zogen Wolken herauf, kleine graue Wolken. Petrucha wandte sich um und erwog die Rückkehr. Es hatte aber wenig Sinn, denn der Weg zurück war länger als der zur Insel. Die Wellen schlugen über sein Fahrzeug. Da entschloß er sich, zur Insel hinüberzufahren und hier solange zu warten, bis günstigeres Wetter eintreten und ihm die Überfahrt erlauben würde.

Raubmöwen schrien heiser und flogen erschrocken auf, als er seinen Fuß an Land setzte. Petrucha zog die beiden Stämme auf das Ufer, damit der Wind sie nicht abtreibe, nahm seine Axt und sah sich um. Wenige Schritte von ihm entfernt lief ein Weg in das Innere der Insel, ein weicher Weg, auf dem sich frische, menschliche Fußspuren abzeichneten. ›Ich hab wohl noch Zeit,‹ sagte er sich, ›das schlimme Wetter wird sobald nicht vorüber sein, ich werde ein Stück auf diesem Weg entlang gehen.‹ Kleine Pfützen räkelten sich vor seinen Füßen, hin und wieder strich der Wind darüber, hastig, atemlos, wie einer, der in großer Eile ist. Dann zog sich die kleine Wasseroberfläche zusammen, als ob sie sauer lächelte. Zu beiden Seiten des Weges standen schweigsame grüne und braune Büsche, dicht beieinander, wie verwachsene junge Mädchen etwa, die sich die Hände reichten.

Petrucha ging langsam, es begann zu regnen, und die Tropfen fielen auf seine Hand, in der er die Axt trug, auf seinen Kopf und auf seine nach außen gekehrte Pelzjacke, fielen auf die verwachsenen Büsche an den Seiten des Weges und in die gelbbraunen Pfützen. Der Regen war kalt. Petrucha aber ging nicht schneller. ›Wenn ich jetzt meinem Bruder begegnete,‹ dachte er, ›dem feinen Holzschiffer!‹

Die Raubmöwen waren stiller geworden, sie konnten ihn nicht mehr sehen. Je weiter er auf dem Weg entlang ging, desto breiter wurde dieser. Da sah er plötzlich einen Mann, der sich damit beschäftigte, dürre Äste aufzulesen, diese über dem Knie zu zerbrechen und sie dann in einen kleinen Sack zu stecken. Der Mann schien alt, er hatte nur dünnes Haupthaar und das klebte, da es regnete, an seiner Schläfe. Petrucha ging langsam näher, von dem anderen nicht bemerkt, bis er dicht hinter dessen Rücken stand. Langsam hob er die Axt und sagte:

»Na, dreh Dich um, Du Vogel. Suchst wohl Brennholz, wie?« Der Mann drehte sich um, erschrak aber nicht, als er vor sich einen Fremden sah, der die Axt gegen ihn erhoben hatte. Er sagte nach einer Weile:

»Du bist im Zorn ergrimmt. – Du wirst mich nicht töten. Laß mich Deinen Weg wissen und Deinen Namen, und wir werden Dir helfen.«

Petrucha ließ die Axt sinken, wischte sich den Regen aus der Stirn und lachte:

»Was bist Du für eine alte Forelle. Was plapperst Du da, ich kann Dich nicht verstehen, redest Du so zu Deiner Freude, Du nasser Frühling, wie?«

Einen Ast in der Hand haltend, sagte der andere:

»Du bist über das Wasser gekommen und der Herr wollte es nicht glätten. Du kannst jetzt nicht weiter fahren. Begleite mich in unsere Hütte, dort werden wir Dir zu essen geben und zu trinken.«

Er zerbrach den Ast, steckte das Holz in den Sack hinein und versuchte, diesen auf die Schulter zu nehmen. Da sah Petrucha, daß der Mann einen dünnen Hals hatte und schmale Schultern, auf denen die Last nicht recht zu liegen kam. »Na,« sagte er, »gib mal her das Möwenei. Ich werde es Dir nach Hause tragen.«

Petrucha nahm den Sack auf die Schulter und ging, die Axt in einer Hand, hinter dem Manne her.

Sie kamen bald zu einer Lichtung, auf der eine größere Holzhütte stand, roh zusammengefügt, die Ritzen waren mit nassem Sand, mit Gras oder Fellfetzen zugestopft. Das Dach war mit Schilf und Moos gedeckt, und die größeren Äste der Bäume reichten darüber und schützten es gegen den Himmel hin.

»Hier wohnen wir,« sagte der Mann, »Du kannst zu uns hineinkommen.«

Vor der Schwelle warf Petrucha den Sack von seiner Schulter und ging mit seinem Begleiter in das Haus hinein. Es war nicht sehr hell im Innern. An einem langen Holztisch saßen neun Männer, alle mit spärlichem Haupthaar, wie Petrucha entdeckte, und einer von ihnen las etwas aus einem Buch vor. Neben einer Wand befanden sich die Schlafstätten, die Wände selbst waren kahl.

Der Mann, der aus einem Buch vorlas, sah auf und erblickte Petrucha, wie er dastand, die Axt in seiner Hand, und wie er sich prüfend in dem Raum umsah.

»Bruder Elias,« sagte der Mann, der Petrucha hergebracht hatte, »ich fand ihn unterwegs. Er wollte über das Wasser fahren, aber der Herr wollte es nicht glätten. So hieß ich ihn mitgehen und bot ihm an, bei uns zu essen und zu trinken.«

»Sage mir, wie man Dich nennt,« fragte Elias.

»Petrucha heiß ich, ihr Maulwürfe.«

»Setze Dich zu uns und vernimm, was der Herr sagt.«

Petrucha setzte sich mißtrauisch an den Tisch, von den Männern kaum beachtet, und Elias beugte sich wieder über sein Buch und las:

»Wer jemand mit einem Eisen schlägt, daß er stirbt, der ist ein Totschläger und soll des Todes sterben.

Wirft er ihn mit einem Stein, mit dem jemand mag getötet werden, daß er davon stirbt, so ist er ein Totschläger und soll des Todes sterben.

Schlägt er ihn aber mit einem Holz, mit dem jemand mag totgeschlagen werden, daß er stirbt, so ist er ein Totschläger und soll des Todes sterben.«

Petrucha kicherte.

Elias las unbeirrt weiter, mit einer Stimme, die weit her zu kommen schien.

»Stößt er ihn aus Haß oder wirft etwas auf ihn aus List, daß er stirbt, oder schlägt er ihn aus Feindschaft mit seiner Hand, daß er stirbt ...«

Da sprang Petrucha auf, hob seine Axt hoch und schmetterte sie mit der stumpfen Seite auf die rohe Tischplatte. Die Männer fuhren erschrocken zusammen und mancher begann insgeheim zu beten.

»Höre auf, Du Forelle,« schrie Petrucha den Elias an, »Du Stechmücke. Was liest Du da, wer seid Ihr denn? Ihr Vögel! Wollt Ihr Euren Kopf dranbehalten, dann seid still. Ihr Störche. – Hier«, er wurde etwas ruhiger, »dieser Zeisig hat mich hergebracht. Er wollte mir etwas zu essen und zu trinken geben.«

Er zog den Mann, den er am Weg getroffen hatte, an den Haaren zu sich und legte ihm die stumpfe Seite der Axt auf die schmale Schulter.

»Bringe mir etwas zu essen.«

Die Männer saßen still um ihn herum, mit gefalteten Händen, während der eine aus der Hütte trat und mit Brot und Trockenfleisch wiederkehrte. Petrucha aß, und die Männer sahen ihm zu. Als er sich gesättigt hatte, wurde er ruhiger, und das Flackern aus seinen Augen verschwand. Er legte die Axt unter die Bank und sagte:

»Ich will bei Euch bleiben, es gefällt mir hier. Ich werde Euch Holz schlagen und den Ofen in Ordnung halten. Dafür werdet Ihr mir zu essen geben, Ihr Störche. Ich will auch wissen, wer Ihr seid.«

Da erzählten sie ihm, daß sie Mönche seien, die dem Herrn dienten, und unterwiesen ihn, seine Schrift zu lesen und seine Lehren zu verstehen. Sie erzählten ihm vom Halljahr der Kinder Israel vom Lande Kanaan und vom großen Wasser Euphrat, und Petrucha nahm dafür seine Axt, ging hin und spaltete ihnen Holz und besorgte das Feuer. Er fing ihnen auch Fische mit der Holzgabel und bereitete sie zu. Er dachte nicht mehr an seinen Bruder, den feinen Holzschiffer, und auch nicht an die gelbe Schüssel.

Die Kinder, vor denen er einst getanzt hatte, erinnerten sich nicht mehr an ihn. Der sonderbare Alte schien aus Finnland verschwunden. Wenn er unterwegs war, ließ er die Axt, der er inzwischen einen neuen Stiel eingesetzt hatte, in der Hütte zurück.

Im zweiten Sommer, den er bei den Mönchen zubrachte, starb Elias, und die Männer traten an Petrucha heran und fragten ihn, ob er eine Grube für den Toten ausheben wolle. »Du mein Jesus,« sagte Petrucha, »das ist doch nicht schwer«, und er ging, die Axt und einen Spaten auf der Schulter, zum Westufer der Insel, wo sich bereits mehrere andere Grabhügel befanden. Hier arbeitete er vom Morgen bis gegen den Mittag und ging dann mit flackernden Augen zurück und richtete den Männern aus, daß sie den Elias verschwinden lassen könnten, ja verschwinden! Die Grube sei groß genug, und die Kiefernwurzeln, deren Spitzen er habe abschlagen müssen, würden sich, sobald ihnen der Saft Kraft und neuen Mut gebe, mächtig über den Toten hinrecken, sie würden ihn festhalten, daß er am jüngsten Tag, bei seinem Emporkommen, rechtschaffen werde zu tun haben, um an das Tageslicht hervorzubrechen.

Dann begruben sie den Elias, und ein anderer, der Bruder Gunnar, las ihnen aus dem Buche vor.

Sieben Tage, nachdem Elias gestorben war, verschwand auch Petrucha. Er hatte am Morgen die Stockgabel und die Axt mitgenommen und die Brüder waren in dem Glauben, er wolle Holz spalten und am Ufer einige Fische fangen. Sie warteten mit der Mahlzeit auf ihn, aber er kehrte nicht zurück. Gunnar meinte, ihm sei wahrscheinlich ein Unglück zugestoßen, und sie standen von ihren Bänken auf und durchsuchten die Insel und das Ufer. Aber sie fanden ihn nicht. Petrucha blieb verschwunden.

Sie warteten mehrere Wochen auf ihn, er kam nicht zurück. Da wähnten sie ihn, weil er in der letzten Zeit wieder das Flackern des Wahnsinns in seinen Augen gehabt hatte, ertrunken, und zwar in selbstmörderischer Absicht, wobei er sicherlich seinen Körper mit irgendeinem Gegenstand würde beschwert haben, um nicht gefunden zu werden.

Sie fanden sich darein, und als es Herbst wurde und alle mit Vorbereitungen für den Winter beschäftigt waren, da gab es dann häufig Tage, an denen des Petrucha kaum gedacht wurde.

Er selber aber, den die Männer solange gesucht, war auf den zusammengebundenen Bäumen über das Wasser gefahren und unterhalb der Lichtung, auf der die Boote lagen, gelandet. Er hatte die Mönche verlassen, weil ihm in der letzten Zeit immer wieder Gedanken an seinen Bruder, den Holzschiffer, gekommen waren, und weil es ihn gewaltig zog, seinen Bruder zu suchen. Als er die Grube für Elias ausgehoben hatte, war ihm bewußt geworden, daß man gegen die eigene Absicht über Nacht verschwinden konnte, ohne erreicht zu haben, was man sich für die Tage vorgenommen. So war er nach raschem Entschluß von der Insel abgefahren. Er hatte sich aus geschnittenem Schilf einen Unterschlupf errichtet, und aus der Birkenschonung hinter Leos moderner Scheune in einem Beutel Laub herangetragen, um ein weiches Lager zu haben.

VIERTES KAPITEL

Logik auf Stroh

Leo kam erst am frühen Nachmittag aus Kalaa zurück. Er ging über den mit roten, gebrannten Steinen ausgelegten Flur und öffnete eine grüngestrichene Holztür, die den Weg in den Garten freigab. Er sah Erkki Erde auf eine Karre laden und Stenka damit beschäftigt, ein kleines Feuer zu unterhalten. Die Rauchsäule stand fast reglos in der Luft. Über ihr, in großer Höhe, schwebten zwei Habichte, scheinbar uninteressiert, lässig und sehr eingebildet. Langsam schlenderte Leo über den Gartenweg. Wenige Schritte hinter Erkki blieb er stehen und sagte:

»Na Du Pfingstochse, hast Du alles beieinander?«

Erkki unterbrach seine Tätigkeit.

»Ich war in Kalaa«, sagte Leo, »zu einer Besprechung. Wir bekommen heute Besuch; nachts ist wieder Sitzung. Du wirst nachher die Strohballen auslegen. Aber lassen wir das.«

Er stellte seinen riesigen Schuh auf die Karre. Seine kleinen geröteten Augen sahen zu Stenka hinüber.

»He«, rief er plötzlich. Stenka drehte sich um, ließ einen Zweig fallen und kam näher.

»Hast Du Dich eingelebt bei uns?«

»Ich kenne die Arbeit«, sagte Stenka.

»Gefällt es Dir?«

»Ich bin zufrieden.«

Stenka sah auf das schlechtrasierte Doppelkinn des Riesen,

der plötzlich seinen Fuß von der Karre nahm, ins Haus lief und nach wenigen Sekunden mit einem älteren Karabiner zurückkehrte. Erkki sah sich um. Er dachte: ›Der alte Geizhals wird sicher ein Kaninchen schießen oder eine Elster.‹ Auch Stenka blickte sich um, in der Hoffnung, ein lebendes Ziel zu entdecken.

Leo wartete einen Augenblick, bis seine Lunge sich beruhigt hatte. Dann zog er den Kolben in die Schulter ein, entsicherte und keuchte: »Da sind Habichte in der Luft« und legte auf eines der Tiere an, die so lässig über der Rauchsäule schwebten. Erkki und Stenka reckten ihre Hälse. Leo zielte lange. Plötzlich setzte er das Gewehr ab, trat an einen Baum heran und legte den Lauf auf einen Ast. »So geht es besser,« sagte er, »die Hände zittern zu sehr.«

In Erwartung des Schusses kniffen Erkki und Stenka die Gesichter zusammen. Beide blickten auf die Vögel. Der Schuß zerriß den Nachmittag. Eines der Tiere ließ sich torkelnd fallen. Leo richtete sich auf und lehnte den Karabiner an den Stamm.

»Bring ihn her,« sagte er zu Erkki, der sofort über ein Beet sprang und mit großen Schritten zu der Stelle lief, wo der Vogel aller Wahrscheinlichkeit nach herunterfallen mußte. Zum Erstaunen der Männer fing der Habicht seinen Sturz auf, begann wild zu flattern und erreichte langsam Höhe. Erkki blieb stehen, als er das bemerkte. Leo ergriff wieder den Karabiner, zog den Kolben in die Schulter ein, zielte kurz und drückte ab: der Vogel flog noch. Er hatte nicht getroffen. Leo schoß noch einmal: wieder vorbei, der Habicht flog zu den Kiefern hinüber.

Erkki kam langsam zurück und sagte:

»Die Kugel wird nur seinen Flügel durchschlagen haben. Sonst wäre er bestimmt runter gekommen.«

Leo schwieg und blickte dem Habicht nach, der immer kleiner wurde und schließlich nicht mehr zu sehen war.

»Warum sollte nicht mal einer mit dem Leben davonkommen,« sagte er und blickte zu Stenka. Sein riesiger Schuh hob sich und ruhte auf der Karre. Er sah zu der schmalen Front des Hauses hinüber. Er glaubte, hinter einem Fenster das Gesicht der Witwe zu erkennen. Eine Hand erfaßte das Gewehr, der Lauf richtete sich auf das Fenster. Der Kopf der Witwe verschwand. Leo lachte dröhnend und lehnte den Karabiner wieder an den Baum. Seine fleischigen Finger ergriffen einen Ast.

»Der Habicht wird sich nicht mehr sehen lassen,« sagte er

»Vielleicht verreckt er im Wald,« sagte Erkki.

»Mag sein. Das ist mir egal. Im Wald stirbt es sich leichter.«

Stenka sah aus seinen schrägstehenden Augen auf den Riesen und schwieg.

Leo sagte:

»In Kalaa herrscht große Aufregung wegen des Lehrers, der entflohen ist. Er soll einer der gefährlichsten gewesen sein. Niemand kann sich erklären, wie ein Mensch so plötzlich verschwinden kann. Auf seinen Kopf wurde eine Prämie ausgesetzt.«

Erkki sah auf Stenka und sagte:

»Vielleicht ist er über die Grenze geflohen. Ich möchte das beinah' behaupten.«

»Wieso?« fragte Leo.

»Weil er weiß, daß er hängen muß, wenn er gefangen wird.«

»Das leuchtet mir ein. Hast Du schon gesehen, wie ein Mensch aufgehängt wurde?«

»Nein, aber erschossen.«

»So.« Leo kratzte sich unter dem Arm. »Und ist Dir dabei

etwas aufgefallen? Etwas besonderes: was für ein Gesicht sie machen, wenn die Kugel einschlägt?«

»Ja. Die meisten machen ein kindlich erstauntes Gesicht, sie blicken ungläubig nach allen Seiten, als ob sie nicht begreifen könnten, daß auch mal Schluß sein muß.«

»Schluß? Womit?« fragte Leo.

»Na, mit dem Leben« sagte Erkki und blickte lächelnd auf Stenka. Erkki dachte: ›Der alte Fuchs will mir was vormachen. Er will nicht zugeben, daß er der gesuchte Lehrer ist. Dabei habe ich sogar vor seinem Katheder gesessen. Ich werde ihm aber nichts tun, Gott bewahre. Der arme Kerl hat mir ja nichts getan. Und was heißt hier schon gefährlich? Gefährlich ist ein Querschläger, ein planlos umherirrendes Stückchen Blei, so ein kleiner kraftstrotzender Fremdkörper. Aber Stenka? Ich werde ihn nachher schon versöhnen. Was geht mich denn die neue Regierung an?‹

Leo nahm den Karabiner in die Hand und sagte:

»Gut, lassen wir das. Du wirst jetzt in die Scheune gehen, Erkki, und die Strohballen aufstellen. Sieh zu, daß die Ballen nicht auseinanderbrechen. Stroh ist teuer. Stenka, Du wirst noch im Garten bleiben. Wenn es dunkel wird, kannst Du Schluß machen. Ich gehe zu Roskow hinüber. Wir erwarten heute abend Besuch.«

Damit drehte sich der Riese um und verschwand hinter der grüngestrichenen Tür.

Stenka wollte Erkki die Hand reichen, ein würgendes Gefühl saß in seiner Kehle, seine Knie zitterten. Er dachte: ›Der Junge ist gut zu mir. Warum verrät er mich nicht? Er könnte sich die Prämie leicht verdienen.‹ Laut sagte er:

»Warum sagtest Du ihm nichts?«

»Was?« Erkki lachte, »Ach so, daß Du der Lehrer bist, den sie suchen?«

»Du könntest Dir die Prämie verdienen.«

»Die interessiert mich nicht.«

»Warum?« Stenka wollte so weit wie möglich in seinen Fragen gehen, um herauszubekommen, wie weit er sich auf Erkki verlassen konnte.

»Das ist schmutziges Geld. Die neue Regierung geht mich nichts an.«

»Ich danke Dir.«

»Wofür?«

»Daß Du mich nicht verrätst.«

»Dafür solltest Du mir nicht danken.«

»Wofür denn?«

»Daß ich nicht in Lachen ausbrach, als Du Deine Geschichte mit dem Sägewerk erzähltest. Ich erkannte Dich, als Du Dein Ohrläppchen zwischen die Finger nahmst. So hatte ich Dich in Erinnerung.«

»In Erinnerung?«

»Ja, ich saß vor Deinem Katheder, als Du uns Pflanzenkunde beibrachtest. Damals –«

Stenka lächelte gequält.

»Ich weiß,« sagte er, »meine alte, unglückliche Angewohnheit.«

Erkki lachte: »Gut, lassen wir das.« Er ahmte dabei Leos Stimme nach. »Du wirst noch im Garten bleiben. Wenn es dunkel wird, kannst Du Schluß machen. Und Du, Erkki, wirst die Strohballen aufstellen. Stroh ist teuer.«

Er schlug Stenka auf die Schulter, nickte ihm zu und verließ pfeifend den Garten.

Als es dunkel zu werden begann, schob Stenka die Karre in einen Schuppen, säuberte das Gerät und schloß es ein. Er spürte großen Hunger. ›Ich muß eine Gelegenheit finden, zu geregelten Mahlzeiten zu kommen,‹ dachte er, und stieg langsam die ächzende Treppe zu seinem Zimmer hinauf. Plötzlich erschrak er. Die Witwe rief:

»Wer ist da? Warten Sie einen Augenblick. Ich bin ja gleich da. Nur einen Augenblick.«

Sie trat, angetan mit dem ärmellosen Kattunkittel, aus ihrem Raum und versperrte dem Mann den Weg.

»Ach Sie sind es,« sagte sie, »ich wollte gerade zu Bett.« Er sah auf ihre nackten Knöchel und auf das lange, unordentliche Haar. Sie trat einen Schritt zurück: dabei wippten ihre Brüste unter dem Kittel. Ihre verweinten Augen klammerten sich an Stenka.

»Haben Sie Hunger?« fragte sie.

Stenka nickte.

»Kommen Sie, ich mache Ihnen schnell etwas fertig.«

Stenka dachte an Leos Worte: ›Diese Frau hat für keinen von Euch zu existieren.‹ Er dachte aber auch: ›Leo ist fort, Erkki ist fort, und ich habe wahnsinnigen Hunger.‹

Die Witwe schob ihn sanft in ihren Raum. Dieser Raum war bei weitem gemütlicher als der seine. An der Wand stand ein breites Bett auf hohen Füßen, in einer Ecke ein Spiegel und daneben ein kleines Tischchen, auf dem sich zwei Bürsten, ein Kamm und ein Porzellantopf befanden. Vor dem Fenster, durch das man ebenfalls in den Garten blicken konnte, gab es zwei altmodische Stühle mit gepolsterten Armlehnen. Gleich neben der Tür stand auf einem Regal ein elektrischer Kocher. Der Mann setzte sich unaufgefordert auf einen der altmodischen Stühle und sah zu, wie die Witwe sich bückte, eine Pfanne hervorzog und einen Laib Brot, und wie sie das Brot in Stücke zu schneiden begann, es in Öl tauchte und in die Pfanne legte. Er sah auf ihren Rücken, einen kräftigen, fetten Rücken, und versuchte, sich die Schenkel vorzustellen, die diesen Rücken trugen und deren Anblick der Kattunkittel nicht preisgab. Als es in der Pfanne krachte, drehte sie sich um und kam langsam zu ihm heran. Sie ließ sich auf den anderen der altmodischen Stühle nieder, langsam, bedächtig. Der Kittel über ihren Knien verrutschte, Stenka sah die weiße blanke Haut. Sie strich den Kittel zurecht, mit langen Bewegungen und sah ihn schmollend an. Sie sehnte sich nach einem Mann.

Er erschrak, als ihm bewußt wurde, daß diese Frau etwas von ihm erhoffte. Sein Blick glitt verzweifelt zur Tür. Hinauslaufen! Hinauslaufen? Warum? Leo ist fort, Erkki ist fort.

»So,« sagte sie, »das Brot wird jetzt gut sein, hoffentlich schmeckt es Ihnen! Der Geschmack ist ja so verschieden. Finden Sie das nicht auch?«

»O ja.«

Sie stach mit einer Gabel nach den Brotstücken und legte sie auf einen Teller.

»Ich wunderte mich schon immer darüber, daß der Geschmack so verschieden ist,« sagte sie und stellte den Teller auf die Fensterbank. »Haben Sie sich auch darüber Gedanken gemacht?«

»Nein, eigentlich nicht. Alle Menschen haben ja auch nicht die gleiche Augenfarbe, oder die gleiche Haarfarbe oder den gleichen Beruf.«

Sie lachte. »Das ist richtig. Aber alle haben nur zwei Augen, nur zwei Füße, nur fünf Sinne.«

Stenka sah auf das dampfende Brot. Die Witwe setzte sich auf die Bettkante, obwohl sie, da die Bettpfosten sehr hoch waren, hier unbequemer saß als in dem altmodischen Stuhl.

»Ich glaube, das Brot ist schon abgekühlt.«

»Ja.« Stenka zog den Teller auf seinen Schoß und begann zu essen.

»Na, schmeckt es?«

»Ja, sehr gut.«

Als er gegessen hatte, nahm sie ihm den Teller aus der Hand und legte ihn in eine große Schüssel. Der Mann erhob sich und ging zur Tür. Er wollte sich bedanken. Da bemerkte die Frau, daß er gehen wollte und versperrte ihm den Ausgang. Sie lächelte fett:

»Sie wollen schon gehen?«

»Ich muß. Entschuldigen Sie.« Er dachte, daß Leo zurückkommen könnte.

»Was wollen Sie denn tun, es ist doch niemand im Hause. Bleiben Sie doch noch. Oder sind Sie sehr müde? Ist die Arbeit zu schwer?«

»Nein, das nicht. Ich kenne diese Arbeit ja, ich bin sie gewohnt.«

Sie stand 30 cm vor ihm, er brauchte die Hand nicht einmal ganz auszustrecken, um ihren Körper zu berühren. Ein Knopf zog den Kittel über ihren Brüsten brutal zusammen.

»Ich muß jetzt gehen,« sagte er.

Plötzlich veränderte sich ihr Gesicht. Sie kniff die Augenbrauen zusammen und brach in ein höhnisches, hysterisches Lachen aus.

»Gehen Sie doch!« rief sie, gab aber nicht den Weg frei. Seine Hand zuckte nach vorne und berührte das weiche Fleisch ihrer Hüfte. Es war wie ein elektrischer Schlag. Einen Atemzug lang schwankte er, ob er die Hand da nicht ruhen lassen sollte. (Wie heiß ihr Atem ist! Du brauchst sie nur zu umarmen! Frauen sind wie der Schnee. – Hast Du Angst? Vor Leo? Der ist fort. Angst, weil etwas herauskommen könnte? Ja, ja, ja! Hüte Dich!

Nein. Niemals, niemals!) Stenka schob die Frau leicht zur Seite, öffnete die Tür und trat hinaus. Er blieb stehen und sagte:

»Ich danke Ihnen für das Brot. Das war sehr freundlich. Ich wußte nicht, wo ich etwas Eßbares hätte herbekommen sollen. Vielleicht kann ich es Ihnen zurückgeben, morgen vielleicht.«

»Gehen Sie doch,« knurrte sie wie eine gestörte Hündin, »ich will von Ihnen nichts zurückhaben, Sie – Sie ängstlicher Schulmeister.«

Stenka erschrak. Wußte sie etwas?

»Nächstens unterhalten Sie sich etwas leiser. Die Wand ist sehr dünn, und ich habe einen leichten Schlaf.«

Sie lachte herausfordernd:

»Erkki ist anständig, nicht wahr? Der erzählt nichts. Der ist so anständig, daß er sich die Prämie entgehen läßt, die auf Ihren Kopf gesetzt ist. Aber ich werde mir es überlegen. Etwas Geld kann man immer gebrauchen. Es würde ausreichen, daß ich mir ein anderes Zimmer nehmen kann.« Sie knallte die Tür zu.

Stenka ging in seinen Raum und warf sich auf das Bett aus Kistenholz. Nach einigen Minuten hörte er hinter der dünnen Wand die Witwe schluchzen …

Vor Roskows Gasthaus stand ein kleines, dunkelblaues Auto. Leo umkreiste das Gefährt, vorsichtig, mit weichen Kniegelenken. Er wußte, wer in diesem Auto nach Pekö gekommen war, und es war ihm durchaus nicht gleichgültig, ob dieser Mann da war oder nicht. Schließlich ging er mit gespielter Sorglosigkeit zum Auto hinüber. Seinen kleinen, geröteten Augen bedeutete die Scheibe kein Hindernis, die Blicke des Riesen fanden ihren Weg durch das Glas. Vor dem Steuer saß der Chauffeur und schlief. Der Kragen seiner Lederjacke war hochgeschlagen und die Mütze war ihm vom Kopf gerutscht.

Leo öffnete vorsichtig die Tür, beugte seinen gewaltigen

Oberkörper weit in das Innere des Wagens und sog prüfend die Luft ein, die aus dem halbgeöffneten Munde des Schlafenden entwich.

Da sagte jemand hinter ihm: »Er ist müde«.

Der Riese stand einen Augenblick wie gelähmt da. Er kannte diese Stimme. Er sah, auch ohne sich umzudrehen, einen kleinen, schmierigen Mann hinter sich stehen, einen versonnen lächelnden Mann mit einem Spitzbart und einem kleinen Koffer in der Hand. Seine unbehaarten Handgelenke waren weit hinauf sichtbar, da die Ärmel viel zu kurz waren. Der Blumenhändler wurde, als er die Stimme hörte, an den Tag erinnert, an dem Matowski erschossen wurde. Seine Erinnerung trug ihm lautlos und schneller als der Wind die Bilder zu, die er damals in sich aufgenommen hatte:

Matowski mit verbundenen Augen, kniend, ungefesselt; der Graue, einen Revolver in der Hand, vor ihm stehend, der Kleine mit dem Koffer etwas abseits. Der Graue wartete auf ein Zeichen des Theoretikers, als dieser sagte:

»Entferne die Binde von seinen Augen.«

Der Graue hatte ihn verwundert angestarrt, als ob er ihn nicht recht verstanden hätte. Es begann hell zu werden in der Scheune.

»Entferne die Binde von seinen Augen.«

Der Graue tat es.

Der kleine Theoretiker stellte seinen Koffer auf die Erde, zog eine Zigarrettenschachtel aus der Tasche und hielt sie dem Knienden hin, wortlos. Matowski nahm eine Zigarette heraus und steckte sie sich in den Mund. Eine unbehaarte Hand reichte ihm Feuer. Er rauchte gierig, mit geschlossenen Augen. Der Kleine nahm wieder den Koffer und trat zurück. Er stand schräg hinter dem Knienden. Alle sahen zu, wie Matowski rauchte. Plötzlich schrie bellend ein Revolver auf. Matowski zuckte zusammen, blickte verwundert auf den Grauen und fiel um. Zwischen seinen Fingern hielt er noch die brennende Zigarette. Der kleine Theoretiker ließ seinen Revolver in der Tasche verschwinden.

Mit einem Ruck drehte Leo sich um und stützte seinen Körper gegen die Tür des Autos. Er hatte sich nicht getäuscht: vor ihm stand Aati, Genosse Aati, dünn und überlegen lächelnd.

»Wie geht's?« fragte Leo.

»Solange man noch zwei Beine hat wie ich, gut.«

Leo lachte. Er wußte nicht recht, was er sagen sollte. Die Gegenwart des Theoretikers machte ihn hilflos. Die leidenschaftslose Sachlichkeit, mit der dieser Mann alle Dinge behandelte, bewunderte und haßte er zugleich.

Der Riese deutete auf den Chauffeur:

»Soll ich ihn wecken?«

»Warum?«

»Vielleicht verschläft er die Zeit?«

»Die Zeit? Glaubst Du, daß der da seinen Tod verschlafen wird? Ist es überhaupt denkbar, da schon das Leben eines jeden Menschen irgendwann einmal endet, daß man diesen gewöhnlichen Augenblick des Wechsels von einem Zustand in einen anderen verschlafen kann? Gibt uns die Basis der Erfahrungswelt den Mut zu solch einer Annahme?«

Leo drückte einen riesigen Finger auf seine Unterlippe und lachte. Dann sagte er mit knarrender Stimme:

»Kann schon sein, ich kann mir das ganz gut vorstellen.«

»Wir wollen zu Roskow hineingehen,« sagte der Kleine. Er ging voran und der kleine Koffer schaukelte an seiner unbehaarten Hand wie ein müdes Kind, das seine Beine nicht mehr folgerichtig auf die Erde zu setzen weiß.

Roskow stand am Fenster und betupfte seine Bartflechte mit einem weißen, weichen Tuch.

»Was kann ich den Herren bringen,« fragte er, als sich die Männer an einen Tisch setzten.

»Zwei Grüne!«

Aati setzte den Koffer ab und wischte sich mit dem Ärmel über die Lippen. Sein Gesicht nahm einen ernsten, überlegenden Ausdruck an. Hinter der Theke tropfte es aus einem Wasserhahn auf schmutzige Gläser: klick, klick, klick, klick.

»Wohl bekomm's«, sagte Roskow und stellte zwei gefüllte Gläser auf die Tischplatte. Die Männer tranken aus.

»Bringe uns noch zwei.«

Leo sah auf den Theoretiker und bemerkte, daß dieser nachdachte. Und wie in seine Gedanken hinein fielen die Tropfen aus dem Hahn: klick, klick, klick. Draußen wurde es dunkel. Der Fetzen Himmel verschwand vor dem Fenster, weil jemand schwarze Wolken über Pekö zusammenraffte. Die Männer saßen lange und schwiegen. Erna kam eine Treppe herunter, Roskows schlanke, brünette Frau und betätigte sich im Schankraum. Sie trug Kleider und Frisur nach deutscher Art.

Roskow hatte sich das Mädchen aus Deutschland mitgebracht. Er hatte sich damals freiwillig gemeldet und war in einen Hamburger Vorort zur Ausbildung gebracht worden. Seine Ausbilder hatten ihm hier die Taktik des Krieges mit allen Regeln und Nebenregeln derart eingebleut, daß er sie für sein Leben nicht mehr vergessen sollte.

Als seine Ausbildung beendet war und die wohldressierten Kameraden sich zur Abfahrt bereit machten, bekam er die Ruhr und wurde in ein Lazarett gebracht. Bis auf Erna, eine schlanke Krankenschwester aus St. Pauli, nahm ihm das Lazarett nahezu jede Lebensfreude, und es hätte nicht viel

daran gefehlt, daß er, dem seine Krankheit höllisch zusetz-
te, ein Fragezeichen, ein Ausrufungszeichen und schließlich
einen energischen Punkt hinter die närrische Novelle seines
Lebens gesetzt hätte. Aber in Erna stieß er auf etwas, worauf
er nicht mehr gefaßt gewesen war, auf etwas auch, das voll-
auf hinreichte, seinen humorlosen Entschluß aus der Welt zu
schaffen und die Selbstmordgedanken samt und sonders über
Bord zu werfen: in Erna trat ihm auf den Füßen einer Krankenschwester die Liebe entgegen. Unter des Mädchens pflegender
Hand genas er, erlangte zusehens seine Kräfte zurück, und da
ihm das Leben nunmehr sonderlich in Hamburg zusagte, sah
er mit trübem Kopf dem Tag entgegen, da er würde Abschied
nehmen müssen. Es kam jedoch anders. Der Gute besuchte
einmal eines jener liebeskundig-abgründigen Institute, wo
die Gefühle bis zum schäumenden Übertritt herausgefordert
werden. Hier holte sich Roskow neben einer Lues auch die
zählebige Bartflechte, die trotz Anwendung radikaler Mittel
nicht schwinden wollte. Erna verzieh ihm. Sie konnte ihn diesmal aber nicht gesund pflegen, da der Sünder in eine andere
Abteilung eingeliefert worden war. Sie hätte es getan! Und da
Roskow solches gewahr wurde, ging er, nachdem man ihn als
»geheilt« entlassen hatte, zu ihr hin und fragte sie, wie es mit
seinen Chancen bei ihr stünde, und ob sie sich von ihm heiraten lassen wolle. Erna antwortete nicht darauf, sondern legte
mit hanseatischer Schweigsamkeit ihre Wange an die seine,
die Bartflechte gänzlich außer acht lassend, und als ihr das
Glücksgefühl erlaubte, die Lippen zu öffnen, hauchte sie: »Ja.«
Sie heirateten rechtmäßig in der Michaeliskirche zu Hamburg,
und als der Krieg ein Ende fand, entsann sich der Mann seines
Gasthauses, welches in Pekö stand, und das ein von ihm beauf-
tragter Freund verwaltete.

Der kleine Theoretiker erhob sein Glas und trank den Rest aus. Über den Rand des Glases beobachtete er Leo, der ein Pappstück durch die riesigen Finger gleiten ließ und so tat, als ob er an etwas dächte.

»Wie geht denn der Laden?« fragte Aati, als er ausgetrunken hatte.

»Es wird besser, danke. Matowski verstand nicht viel von Blumen. Wir haben alles umorganisiert. Es gab natürlich viel Arbeit, aber jetzt sind wir fast fertig. Wir haben uns viel Bewegung machen müssen.«

»Bewegung?« fragte Aati lächelnd.

»Ja.« Leo witterte einen Hinterhalt. Seine Finger zerbrachen das Pappstück.

Der Kleine hustete dünn und sagte:

»Es gibt keine Bewegung!«

Leos Gesicht nahm den Ausdruck gekünstelten Staunens an.

»Nein, nein, es gibt keine Bewegung, in dem Sinne, daß man sich fortbewegt.«

Der Riese schluckte Speichel herunter. »Aber wenn der Motor läuft, dann bewegt sich doch das Auto?«

»Bewegt es sich wirklich?« fragte der Theoretiker. »Ich glaube nicht, ich werde es solange nicht glauben, als der Punkt, der Ort also, als der kleinste, nicht mehr teilbare Teil einer Strecke angesehen wird. Denn wenn der Punkt als kleinster Teil einer Strecke keine Ausdehnung hat, so können mehrere Punkte auch keine Ausdehnung haben. Aber eine Strecke setzt sich doch erst aus Punkten zusammen. Ist das nicht komisch? Nichts plus nichts ist doch offenbar nichts? Oder nicht? Bleiben wir logisch. Die Strecke als Summe ihrer kleinsten Teile hat keine Ausdehnung. Somit ist wohl auch jede Bewegung unmöglich. Oder irre ich mich?«

Der Kleine blickte lächelnd gespannt auf Leo, der nicht wissen konnte, daß er mit einem plattgetretenen Beispiel gefoppt wurde.

»Das ist mir neu,« sagte der Riese. Ihm wurde unheimlich. Am liebsten hätte er Aati angebrüllt: ›Lassen wir das!‹ Aber das ging nicht. Es ging nicht, weil der Kleine zu klug war und zuviel Macht besaß. Sich ihm entgegenstellen hieße, all seine Pläne verwirken, und davon wollte Leo nichts wissen. Sein riesiger Schuh drückte gegen ein Bein des Tisches. Die Gläser begannen zu schwanken und zu klirren. Leo wurde erlöst, als der Theoretiker sich erhob, Roskow heranwinkte, zahlte und, nachdem der Gastwirt sich wieder entfernt hatte, sagte: »Wir müssen jetzt wohl gehen. Die Leute werden schon da sein.«

Der Riese erhob sich ebenfalls, froh, dieser unliebsamen Fragerei nicht mehr ausgesetzt zu sein. Sie verließen das Gasthaus und gingen durch die Birkenschonung zur Scheune.

Die Scheune war ein neuer Bau mit starken Fundamenten und einem Dach, an dem die Zeit tüchtig zu rütteln hatte, um es zum Einsturz zu bringen. Das Scheunentor war nur angelehnt. Sie gingen hinein, und Leo legte einen Balken vor den Eingang. Zur linken Hand lagen Laub und Holz, auf der rechten Seite befanden sich, kreisförmig angeordnet, einige Strohballen.

Stroh ist sehr teuer, dachte Leo, als er eintrat.

Auf der Erde stand eine Laterne: rot und gelb, vergittert, eingesperrt. Beim Eintritt der Männer blakte die Laterne, als ob sie lachte.

Auf der Strohbank saßen schweigend acht Männer. Der Kleine setzte sich, klemmte den Koffer zwischen die Beine und sah in die Gesichter derer, die sich hier versammelt hatten.

Ihm gegenüber saß der Graue, der Bürgermeister.

Er sog an seiner Pfeife, streckte die Füße aus und wischte sich mit der Hand von hinten über den rasierten Schädel. Erkki war nicht anwesend. Er hatte nur die Strohballen zurechtgestellt und war dann wieder gegangen. Er war bei Manja, und es zeigte sich, daß die beiden viel zu besprechen hatten.

In der Birkenschonung erhob sich träge der Nebel, grau, grau. Er legte seine gespenstisch-deformierten Finger an die mattglänzenden Stämme der Birken, umarmte sie, umgarnte sie, lullte sie ein: stummes verzweifeltes Liebesspiel ohne Gefühl. – Hinter der Scheune war die Nacht grün. Ein Stern war zu sehen, einer. In Pekö brannten keine Lichter mehr. Die Dunkelheit wanderte einsam über die enge Straße, und am Rande hockten die Hütten und schwiegen sich aus.

Der Theoretiker öffnete den kleinen Koffer. Seine unbehaarte Hand zog einige Schriftstücke hervor, einige Dokumente. Die Laterne warf seinen Schatten an das Scheunentor, der Schatten sah aus wie ein sonderbarer Vogel. Der Mann stand auf und sagte:

»Wir haben nur zwei Dinge zu besprechen. Erstens: Ihr wißt, daß ein Lehrer, der verhaftet wurde, entflohen ist. Wenn es ihm gelingt, über die Grenze zu kommen, kann es sehr unangenehm sein. Die Grenze wird scharf bewacht. Es ist fast ausgeschlossen, daß er sich drüben in Sicherheit gebracht hat. Er muß noch im Lande sein. Wenn mich nicht alles täuscht, ist er sogar in dieser Gegend. Wir sind übereingekommen, ihm einen kurzen Prozeß zu machen. Wir haben eine Prämie auf seinen Kopf ausgesetzt. Wer ihm Schutz gewährt, wird zur Verantwortung gezogen.«

Der Graue nahm die Pfeife aus seinem Mund und klopfte sie am Stiefelschaft aus.

»Zweitens,« sagte der Kleine, »müssen die Leute von der Insel verschwinden. Sie sind gefährlich, weil ihre Beschäftigung wie eine ansteckende Krankheit auf andere wirken kann. Ich meine die Mönche! Ihnen wollen wir einen längeren Prozeß machen. Wir haben Dokumente genug.«

»Das wird nicht so leicht sein,« unterbrach der Graue. Die Männer, Leo ausgenommen, nickten.

Da legte der Kleine mit seiner unbehaarten Hand die Dokumente in den Koffer zurück. Sein Rücken straffte sich schnell, und er begann zu sprechen, gerade so, als ob er nur auf einen kleinen Einwand gewartet hätte.

»Wir wollen für die Verwirklichung des menschlichen Wesens kämpfen. Uns liegt etwas daran, die Emanzipation des Menschen schnell und gewissenhaft zu vollenden. Wie der Mensch bisher in der Religion vom Machwerk seines eigenen Kopfes, so wurde er in der kapitalistischen Produktion von dem Machwerk seiner eigenen Hand beherrscht.«

Er machte eine kleine Pause, seine Stimme schien noch in der Scheune zu weilen.

Die Laterne blakte und blakte; der Kleine fuhr fort:

»Ich weiß, warum Ihr der Meinung seid, die Mönche lassen sich nicht ohne weiteres wegschaffen. Ich bin zu Euch gekommen, damit wir das besprechen. Im Büro wartet man darauf, daß Ihr handelt. In anderen Gegenden ist die Luft rein. Jeder von Euch sollte sich klar sein über unsere Ziele: wir wollen die gerechte Ordnung der Gesellschaft. Es ist schwer, die Bedingungen für die gleiche Glücksmöglichkeit aller Menschen zu schaffen, die Bedingungen sind zum Teil grausam. Aber schließlich verfolgen wir ein Vorhaben, das nicht nur das größte Experiment der Geschichte, sondern die totale Verwirklichung der sozialen Gerechtigkeit bedeutet. Bleiben wir logisch! Wo gehobelt wird, da fallen Späne. Es kann nichts

Neues geben, wenn keine Späne fallen. Darauf darf man keine Rücksicht nehmen. Späne bleiben Späne! Denken wir radikal: Gerechtigkeit wird es solange nicht geben, wie Menschen unbeschränkt über Menschen entscheiden können. Was ist die Konsequenz, die logische Konsequenz? Versklavung! Die Macht Einzelner muß ausgerottet werden, und das soll das Resultat unserer Revolution sein! Wenn wir die Macht nicht vertilgen, widerlegen wir unsere Ideen und wir sind wie Katzen, die sich, am Schwanze angefangen, selbst verschlingen.«

Die Laterne auf der Erde beruhigte sich, sie leuchtete gelb und rot. Leo kratzte sich in der Achselhöhle und spuckte aus. Der Graue sog nicht an seiner Pfeife, er hielt sie mit den Schneidezähnen fest, schloß seine Augen bis zu einem schmalen Spalt und blickte in die Laterne. –

Der Kleine stockte, sah die Männer der Reihe nach an, wobei seine Blicke etwas länger auf Leos glattem, geöltem Haar verweilten, und sagte dann mit leiserer Stimme, immer noch stehend:

»Weil das Wesen des Geistes aus Vernunft und Denken besteht, geschieht sein Zu-sich-selbst-kommen nach den Gesetzen der Dialektik. Vernunft! Die ist vonnöten! Wodurch hat sich der Mensch in einen Zustand gebracht, daß er sich als Schöpfer nicht wiedererkennen will in seinem Werk? Durch seine Unvernunft! Die Äußerungen des Geistes sind etwas Absolutes. Aber bleiben wir logisch: wir haben eine abstrakte Befreiung nicht nötig. Der Mann, dem wir die Emanzipation des Menschen verdanken, lehrte uns, die Idee in der Wirklichkeit zu suchen. Wir brauchen uns nicht mehr in den lächerlichen Nebel der Idee zu flüchten. Es gibt hier noch einige, die glauben, daß man so etwas tun kann. Wir werden sie schon bekehren, so oder so.«

Da fuhren die Männer plötzlich zusammen, und der Kleine unterbrach die Rede, in der ihm bisher keiner der Männer gefolgt war, und hob den Koffer auf. In seiner unbehaarten Hand hielt er einen stumpf glänzenden Revolver. Auch die anderen Männer waren aufgesprungen und hielten Revolver in den Händen. Die Laterne blakte.

Der Graue ging langsam zur anderen Seite der Scheune hinüber, wo Holz und Laub lagen. Die Männer sahen ihm nach. Von dort her waren Geräusche an ihre Ohren gedrungen, als ob sich irgend jemand im Laub bewegt hätte. Leo dachte: ›Warum sind wir nur so aufgeregt? Was soll das schon sein? Der Lehrer ist gewiß nicht in meiner Scheune. Ein Spion? Der soll sich auf 'was gefaßt machen!‹

Der Bürgermeister blieb stehen und horchte. Dann drehte er seinen Kopf zurück und rief leise: »Bringt doch die Laterne her.«

Leo hob mit seinen riesigen Fingern die Laterne auf und ging zum Laubhaufen hinüber. Die Laterne flackerte wild und empört, sie blakte, als ob sie schrie.

»Du mußt die Laterne hochhalten,« sagte der Graue, »so, ja.«

Plötzlich huschte ein Schatten an ihnen vorbei.

Der Graue sprang hinterher, warf sich der Länge nach in das Laub und hielt in seinen Händen eine Katze.

Einige der Männer kicherten.

»Ein Spion auf Samtpfoten,« sagte der Graue. »Kein Grund zur Aufregung. Hübsch, ganz hübsch, diese falsche Kreatur.«

Er trug das junge Tier, das sich verzweifelt in seinen Händen wand, in den Kreis zurück. Leo stellte die Laterne wieder auf die Erde, der Kleine klemmte den Koffer zwischen seine Beine und die Männer setzten sich langsam auf die Strohballen und verwahrten ihre Revolver. Der Graue trat mit der Katze an die Lampe.

»Eigentlich müßte ich Dir den Bart abbrennen, meine samtene Prinzessin. Aber Du würdest sicher schreien, und Katzengeschrei können meine Ohren nicht vertragen. Strafe hast Du verdient, aber was soll ich mit Dir machen?«

Die Männer sahen auf das Tier und schwiegen. Auch der Kleine mit den kurzen Rockärmeln stand da und sah wortlos auf den Grauen und das Tier. ›Der ist brutal,‹ dachte er.

»Eine Kugel«, kicherte der Graue, »wäre hübsch, wäre ganz hübsch, aber sie könnte Dir das Fell zerreißen, nicht? Und Du wärst mir wohl böse darum, meine Prinzessin?«

Die Männer schwiegen. Der Nebel saß vor der Scheunentür und an der Birkenschonung netzte sich die Nacht.

»Ich könnte Dir die Zunge abschneiden,« sagte der Graue, »oder den Schwanz, das wäre hübsch.«

Die Männer schwiegen.

Da warf der Bürgermeister das junge Tier mit ungewöhnlicher Wucht auf die Erde und trat mit dem Absatz drauf, einmal, nochmal, immer wieder, wütend, roh, – bis sich der kleine Körper kaum noch bewegte.

Dann steckte er den Revolver ein und ging auf seinen Platz, setzte sich hin und streckte die Füße weit aus. Mit der Hand fuhr er sich von hinten über den rasierten Schädel.

Die Männer schwiegen, und Aati, nachdem er auf Leos geöltes Haar gesehen hatte, fuhr fort, unbekümmert und bei der Sache, als ob nichts geschehen wäre:

»Wir wollen uns fragen, warum der Mensch die Religionen produzieren muß, warum er sein Dasein in einer übermenschlichen Macht begründet wissen möchte: er will sich befreien! Von seiner irdischen Unvollkommenheit, von den Widerwärtigkeiten des Wirklichen. Bleiben wir logisch: das ist unvernünftig, denn das ist ja keine wahre Befreiung, sondern eine

Befreiung im Gedanken. Diese Unvernunft, dieser Mangel an Einsicht und Erkenntnis, verleitet den Menschen zu der religiösen Nebelbildung. Wir wollen die höchste Glücksmöglichkeit für alle Menschen! Diese Glücksmöglichkeit hat aber als Voraussetzung eine strenge, umfassende Kritik, vornehmlich eine Kritik an den Religionen. Weil die Welt des Menschen nicht so ist, daß er sich in ihr zu Hause fühlen kann, muß er die Verwirklichung seiner Glücksmöglichkeit im Jenseits suchen. Und was hat diese Flucht ins Jenseits im Gefolge? Bleiben wir logisch. Dabei kommt nichts Gutes heraus. Das Leben soll auf der Erde gelebt werden und nicht im Himmel. Der Mensch muß durch seine eigene Tat die Wirklichkeit des Vernünftigen herbeiführen. Das ist die schönste Selbstbefreiung. Ihr zuliebe sollte keiner von uns an die Opfer denken, die nun einmal gebracht werden müssen. Wer die Religionen duldet, rechtfertigt das Übel in der Welt.«

Der Graue zündete sich eine Pfeife an. Keiner der Männer hatte den Theoretiker vollständig begriffen, niemand unter ihnen hätte wiederholen können, was er gesagt hatte.

Die Laterne brannte klein – gelb und rot.

Der Bürgermeister zuckte mit den Händen, ihm war, als ob er immer noch die Katze hielte.

Der Kleine begann zu lächeln. Er setzte sich und wischte mit dem Ärmel über Stirn und Lippen. Das Reden schien ihn erschöpft zu haben. Seine Augen sahen die Männer der Reihe nach an. Er erwartete etwas von ihnen. Einen Augenblick lang dachte er: ›Man könnte glauben, diese verschwiegenen Ochsen sind eingeschlafen. Wenn ich Nero wäre, ich würde ihnen beibringen, sich die Pulsader zu öffnen. Was soll man mit diesen hier tun? Nichts macht auf die Kerle Eindruck.‹

Da erhob sich der Graue. Alle blickten ihn an, alle wußten,

daß er etwas sagen würde. Er zog die Pfeife zwischen seinen Lippen heraus und steckte sie in die Tasche. Leo feixte im Verborgenen. ›Hoffentlich legt ihn der Aati herein.‹

»Wir müssen noch etwas besprechen,« sagte der Graue und glotzte auf den regungslosen Körper der Katze. »Wir können die Leute von der Insel nicht so ohne weiteres abholen. Man müßte irgendwie einen Anlaß haben. Das wäre auch besser, weil wir ihnen später den Prozeß machen sollen.«

Hier unterbrach ihn der Theoretiker:

»Das ist doch selbstverständlich. Wir haben uns bereits im Büro über diese Möglichkeiten unterhalten. Es muß natürlich ein Anlaß gefunden werden.«

»Das dachte ich auch. Aber was sollen wir tun?« Der Graue setzte sich wieder.

Der Kleine hustete dünn und antwortete:

»Das ist gar nicht so schlimm. Es gibt mehrere Möglichkeiten. Ihr könntet beispielsweise ein Mädchen zur Insel schikken.«

»Ein Mädchen?«

»Ja. Wartet doch mal ab. Ihr schickt ein Mädchen hinüber, – sie muß natürlich mitmachen.«

Der Bürgermeister dachte ›Manja‹.

»Dieses Mädchen muß auch absolut zuverlässig sein. Gut. Ihr setzt sie in ein Boot, bringt sie zur Insel hinüber und laßt einen alten Kahn ohne Ruder am Ufer stehen. Sie kann dann drüben sagen, sie sei abgetrieben worden. Das leuchtet doch ein?« Er schwieg und horchte in sich hinein, als ob er Gewißheit haben müßte, daß sein Herz noch funktionierte.

Der Graue sagte:

»Das geht in Ordnung. Die Idee ist gut. Ich kenne ein absolut zuverlässiges Mädchen.«

Leo wußte nicht, worauf das Ganze hinauslief. Er sagte laut:
»Was soll denn das Mädchen auf der Insel?«

Aati lächelte fein:

»Es soll versuchen, die Mönche in Bewegung zu bringen. Vielleicht gibt es auf der Insel Bewegung.«

Der Riese zuckte zusammen und grinste. ›Aati ist ein raffinierter Hund,‹ dachte er. Die Anspielung auf das Gespräch bei Roskow bemerkte er nicht.

»Wer ist das Mädchen?« fragte der Kleine.

»Sie heißt Manja und arbeitet bei uns im Büro.«

»Ist sie verheiratet?«

»Nein, nein. Sie ist absolut zuverlässig.« Der Bürgermeister zog an seiner Pfeife und stieß den Rauch durch die Nase aus.

»Schön,« sagte Aati, »Ihr müßt alles so schnell wie möglich erledigen. Vielleicht schon morgen abend. Wenn das Mädchen bei den Mönchen ist, brauchen wir uns keine Sorgen mehr zu machen. Eigentlich sollten wir sie über Nacht auf der Insel lassen und erst am nächsten Morgen hinüberfahren: ein junges Mädchen bei diesen Burschen, das wiegt schwer.«

»Hübsch, sehr hübsch«, murmelte der Graue und strich mit der Hand von hinten über den rasierten Schädel.

Die Laterne blakte in ihrem Glasgefängnis.

»Dann wäre ja alles klar,« sagte der Theoretiker, verschloß seinen Koffer und erhob sich. »Und was den Lehrer betrifft, so wißt Ihr Bescheid.«

Alle Männer standen von den Strohballen auf.

»Morgen Abend also?«

»Morgen Abend!«

Leo verschloß das Scheunentor von draußen. Die Männer gingen in kleinen Gruppen durch die Birkenschonung, redeten, schwiegen, überlegten, redeten, verabschiedeten sich voneinander und gingen ihrer Wege.

In der Scheune war es dunkel und kühl. Es roch nach frischem Leder. Auf der Erde lag Tabakasche. Der Nebel wagte nicht, hier einzudringen.

Da bewegte sich jemand im Laub, das mit dem Winterholz zusammen auf der linken Seite lag. Blätter wurden auseinandergewühlt und junge Äste knackten und auf einmal stand ein Mensch in der Scheune: Petrucha!

Seine Augen flackerten. Er brach sich einen Ast ab, ließ ihn durch die Luft saußen und näherte sich den Strohballen, auf denen die Männer gesessen hatten. Er zischte:

»Du mein Jesus. Sie wollen ein Mädchen auf die Insel bringen. – Die Menschen sind wie Vögel: sie brauchen nur ihren Kopf über die Wolken zu heben.«

Petrucha ließ sich auf die Knie nieder und betastete den Erdboden.

»Hier muß doch die Katze liegen.«

Seine Finger strichen über das tote Tier.

»Sie haben dich tot und schmutzig gemacht,« keuchte er, immer noch kniend. »Tot – ja. Wirst nicht mehr in der Sonne liegen, wirst keine Mäuse mehr fangen, wirst den Vögeln nicht mehr nachblinzeln, wirst immer nur tot sein. – Sie haben dich totgeschlagen, aber wenn sie mich gefunden hätten, dann würdest du jetzt vielleicht an mich herankriechen, würdest schnuppern, den Schwanz heben und schnurren und deine Sprünge machen.«

Vor der Scheune wurde es hell. Petrucha ging langsam zum Tor, blieb vor einem Spalt, durch den das Tageslicht helläugig hereinbrach, stehen, hob den Katzenkörper hoch, drehte ihn vor dem Spalt und versuchte die Blut- und Schmutzspuren von dem Fell des Tieres zu entfernen. Dann griff er hinter sich, zog einen leinenen Beutel nach vorn, öffnete ihn und steckte die Katze hinein. Er sah sich um: es war still in der Scheune. Niemand beobachtete ihn. Petrucha trat wieder vom Eingang zurück und stieg über das Laub. Als er vor der Seitenwand stand, bückte er sich und entfernte mit schnellem Griff zwei Bretter. Die Nägel knarrten unwillig. Ächzend zwängte er seinen Körper durch die Öffnung. Als er im Freien stand, drückte er die Bretter wieder heran und watschelte zur Birkenschonung, wo er bald hinter den jungen Stämmen verschwand.

FÜNFTES KAPITEL

Träumerei

Das Mädchen zeigte sich in keiner Weise überrascht, als jemand an ihre Tür klopfte.

»Komm herein, Erkki,« sagte sie.

»Du wußtest, daß ich komme?«

»Ja.«

»Hast Du auf mich gewartet?«

»Ja.«

Sie ging ihm entgegen und legte beide Arme um seinen Hals.

»Gib mir einen Kuß.«

Sie zitterte.

Erkki befreite sich behutsam aus ihren Armen und sagte lächelnd:

»Später vielleicht. Wir haben erst andere Dinge zu tun.«

Er setzte sich auf ihr Bett und zündete eine Zigarette an, rauchte, blickte dem Rauch nach.

»Du bist guter Laune, Manja?«

»Stört Dich das?«

»O nein, im Gegenteil. Ich freue mich darüber. Gibt es etwas Besonderes? Ich meine: was ist der Grund Deiner guten Laune?«

»Du wirst es nicht glauben …«

»Sag schon.«

»Ich dachte vorhin: wenn mich mein Gefühl nicht täuscht, kommt Erkki heute noch vorbei. Du bist gekommen!«

»Ist das alles?«

»Ja, ich wußte, Du würdest es nicht glauben.«

»Es fällt mir schwer, offen gestanden.«

»Wieso?«

»Ich denke an unsere letzte Begegnung. Du warst so sonderbar. Eigentlich wollte ich nie wieder kommen.«

»Erkki!«

»Ja. Du willst es jetzt nicht wahrhaben.«

Sie kam zu ihm und setzte sich auch auf das Bett. Sie wagte nicht, seine Hand zu nehmen.

»Wir wollen offen sein, Manja, es hat keinen Zweck, daß wir uns etwas vormachen. Du läßt dich von der neuen Regierung ausnutzen, man hat Dir etwas in den Kopf gesetzt und Du –

–? –

Unterbrich mich nicht. Es ist wahr, Du tust alles, was man von Dir verlangt.«

»Das w a r richtig, Erkki.«

»Sagtest Du, w a r?«

»Ja.«

»Und warum?«

»Erkki!« Sie klammerte sich an seinen Arm, er sah, daß sie Tränen in den Augen hatte.

»Quäl mich doch nicht,« sagte sie.

Er strich ihr vorsichtig über das Haar, seine Liebe zu ihr wurde langsam größer als der Haß. Er beschloß, alle Fragen, die einem Verhör gleich kamen, zu unterdrücken. Seine Finger klemmten eine Haarsträhne hinter ihrem Ohr ein. Dabei berührten sie die breite Narbe. Leise klopfte er an der vernarbten Wunde.

»Tut es noch weh?«

Sie schüttelte den Kopf, ließ ihren Oberkörper auf das Bett sinken und blickte ihm ins Gesicht.

»Du siehst müde aus, Erkki, hast Du zuviel gearbeitet?«

»In den letzten Tagen war es ein wenig bewegt. Du hast recht, viel geschlafen habe ich nicht. Na, wenn Stenka erst allein im Garten arbeiten wird ..«

»Stenka?« fragte sie und richtete sich auf.

»Ja. Erzählte ich Dir nicht von ihm? Er ist ein kluger, guter Kerl, der wenig spricht. Wir wohnen jetzt in einem Raum zusammen. Ich glaube, Leo hat mit ihm einen sehr guten Fang gemacht. Stenka versteht sehr viel von Blumen und wird sehr schlecht bezahlt.«

»Was hat er denn früher gemacht? Mußte er ausgerechnet bei diesem dicken Geizhals anfangen?«

»Er hat früher in einem Sägewerk gearbeitet, Manja. Dort saß er im Büro und mußte die Löhne ausrechnen.«

Erkki zündete sich eine neue Zigarette an. Das Mädchen lehnte ihren Oberkörper gegen die Wand und zog die Knie weit herauf.

»Warum lächelst Du, Erkki?«

Er küßte sie und lächelte wieder.

»Was ist denn los?«

»Ich kann es Dir erzählen, Manja, aber es bleibt doch unter uns?«

»Gewiß.«

»Stenka, dem ich übrigens schon von Dir erzählte, hat niemals in seinem Leben die Löhne in einem Sägewerk ausgerechnet. Er ist nämlich der Lehrer, der von allen gesucht wird. Ich bin der einzige, der es weiß. Neulich hätten sie ihn fast geschnappt. Der Korporal war da und wollte das Haus durchsuchen.«

»Und?«

»Der Lehrer stand neben ihm, aber der Korporal erkannte ihn nicht.«

»Warum meldest Du ihn nicht, Erkki? Du mußt das tun, unbedingt. Wer weiß, was Dir passiert, wenn sie herausbekommen, daß Du es wußtest und geschwiegen hast.«

»Wie sollen sie das herausbekommen? Wenn sie ihn fangen, lebt er nicht mehr lange. Glaubst Du, er wird mich verraten? Ich kenne ihn aus Kalaa, ich saß nicht weit von seinem Katheder. Meinetwegen soll er leben. Er hat mir nichts getan. Ich werde ihn nicht anzeigen.«

Manja erhob sich vom Bett und machte ein paar Schritte durchs Zimmer. Vor dem Fenster blieb sie stehen und sah einen Augenblick hinaus in die Dunkelheit. Plötzlich drehte sie sich um, trat dicht an ihn heran und sagte entschlossen:

»Wenn Du es nicht tust, werde ich es tun. Es geht auch um Dich, Erkki. Ich will nicht, daß Du unter irgendwelchen Folgen zu leiden hast.«

Erkki lächelte: »Nanu, so besorgt um mich?«

»Spotte nicht, Du wirst erleben, daß ich es tue.«

Er wußte, daß sie ihre Worte ernst meinte und sagte:

»Meinetwegen kannst Du es tun, aber nicht heute und nicht morgen.«

»Wann denn! Was soll das bedeuten?«

»Übermorgen.«

»Und warum? Wenn sie ihn in der Zwischenzeit fangen, ist alles nutzlos gewesen, Erkki.«

»Du wirst ihn nicht vor übermorgen melden!«

»Gut. Wie Du willst. Du wirst es wissen.«

»Ich weiß es auch. Ich habe mit ihm noch etwas zu besprechen ... Übrigens: Du sagtest vorhin, es war richtig, daß Du für die neue Regierung ...«

»Ja.«

»Wie soll ich das verstehen?«

Sie sah ihn lange schweigend an. Dann sagte sie:

»Wann wollen wir heiraten, Erkki? Du kannst den Tag bestimmen. Ich will Schluß machen mit der Arbeit.«

»Ist das wahr? Wird es Dir nicht leid tun?«

»Ich habe mir alles überlegt.«

»Das soll man immer tun, bevor man handelt.« Erkki lächelte zweideutig.

»Wie meinst Du das?«

»Jeder Mensch wird das verstehen. Bevor man seinen Todfeind ins Wasser stößt, muß man sich vergewissern, ob er nicht schwimmen kann. Sonst steigt er seelenruhig irgendwo ans Ufer –«

»Was willst Du damit sagen?«

Erkki ahmte Leos Stimme nach:

»Lassen wir das. Warum sollten wir nicht die Wahrheit sagen. Ich wollte Dich um folgendes bitten, Manja: überlasse die Angelegenheit mit dem Lehrer mir. Ich verspreche Dir, daß sich bis übermorgen etwas entscheiden wird. Ich werde mir alles überlegen und nach einer Möglichkeit suchen, wie wir aus dieser Sackgasse herauskommen. Es hat keinen Sinn, vorschnell zu handeln. Du kennst außerdem Stenka nicht.«

»Willst Du ihm helfen?«

»Vielleicht. Wahrscheinlich sogar. Ich kann es jetzt noch nicht sagen. Wir müssen abwarten. Heute nacht ist eine Sitzung. Wir haben Besuch bekommen.«

»Ich weiß.«

»Dann weißt Du auch, daß über den entflohenen Lehrer gesprochen wird?«

»Ich kann es mir denken.«

»Bist Du einverstanden? Willst Du es mir überlassen, Manja?«

»Natürlich – ja. Aber es wäre besser, wenn wir gleich –«

»Eben das ist sehr fraglich. – Aber nun sprich nicht mehr davon. Komm setz Dich zu mir.«

Das Mädchen setzte sich zu ihm auf das Bett. Er küßte sie, und sie ließ ihn gewähren. Er nahm die Erwiderung seines Kusses viel ernster als ihre Worte über Stenka. Sie war in seinen Augen nur ein Mädchen. Der Haß, den er auf sie gehabt hatte, war verflogen. Sie war da, und er war da, und jeder wollte nur dem anderen gehören.

Draußen war es dunkel. Einer von ihnen sagte: »Lösch das Licht.« Und der Schalter knackte. Eine Weile schienen die drei Worte noch im Zimmer zu schweben ›lösch das Licht, lösch das Licht.‹

*

Stenka hörte die Witwe hinter der dünnen Seitenwand schluchzen. Er dachte: ›Sie weiß, wer ich bin. Frauen sind unberechenbar … es dürfte höchste Zeit sein, aus Pekö zu verschwinden … von Erkki ist keine Gefahr zu erwarten … ein prächtiger Junge … Ich kann mich gar nicht erinnern, ihn in der Klasse gesehen zu haben … Aber wohin soll ich gehen? Die Grenzen sind bewacht …‹

Das Schluchzen der Witwe hörte plötzlich auf. Wahrscheinlich biß sie in ihre Bettdecke.

Die Dunkelheit ließ den Spiegelscherben auf dem riesigen Nagel erblinden. Der Wind erhob sich unter dem Fenster und fuhr erschrocken durch die Äste der Bäume, als ob im Garten ein Verbrechen geschehen wäre. Stenka fühlte unter der braunen Decke sein Herz: es funktionierte, es klopfte exakt und beruhigend. Das Herz hat andere Sorgen als der Kopf. Es kann sich keinen Müßiggang erlauben, kein Nachsinnen über Zweck und Lohn. Der Mann dachte an die Uhr, die er im Karton verwahrt hatte. Er richtete sich auf und horchte angestrengt, ob nicht ein feines Ticken zu vernehmen sei. Es war nichts zu hören. Vorsichtig stand er auf, zog den Karton hervor, öffnete ihn und suchte nach seiner Uhr. Er hielt sie an das Ohr. Sie tickte nicht. Stenka lächelte leise und dachte: ›Wenn man sie nicht aufzieht, kann sie auch nicht gehen.‹ Er bewegte die kleine Schraube, der Sekundenzeiger begann zu hüpfen und beschrieb seine Kreise wie in einem törichten, langweiligen Spiel. Die großen Zeiger waren phlegmatischer und krochen mit soviel Bedacht und Unauffälligkeit über das Zifferblatt, daß ein Auge ihre Bewegung nicht registrieren konnte.

Ihm fielen die Tage in Kalaa ein, da er vor seiner Klasse stand und Unterricht gab. Damals war er gewohnt, zu Beginn der Stunde seine Uhr aufs Katheder zu legen.

Er verwahrte die Uhr wieder in seinem Karton und legte sich auf das Bett aus Kistenholz. Ein beruhigendes Ticken drang an sein Ohr.

›Ich werde morgen mit Erkki sprechen … ich werde ihn fragen, was er für das Beste hält … von ihm ist ein ehrlicher Ratschlag zu erwarten … von ihm bestimmt.‹

Stenka zog die Decke über den Kopf. Sein warmer Atem stieß gegen das Handgelenk, prallte zurück und schlug in sein Gesicht. Die Gedanken wurden von der braunen Decke aufgesogen wie Tinte von Löschpapier. Nichts beschwerte ihn, alles wurde leichter und leichter, der Schlaf hatte ihn für eine Nacht erwürgt. Der Schlaf ist großzügig. Er bringt seinen Opfern Träume. Er verteilt sie nach eigenem Ermessen.

Stenka träumte von einer Schlittenreise über die russische Ebene. Er saß allein auf dem Kutscherbock und trieb die Pferde an, er schwang seine Peitsche, und die Tiere gaben ihr Letztes her. Die Wolken ließen sich langsam zur Erde herunter. Der Reisende fühlte, daß sie es auf ihn abgesehen, daß sie etwas Besonderes mit ihm vor hatten. Die Peitsche surrte über den Pferderücken. Es waren noch lange keine Häuser zu erwarten. Das Blut schoß ihm in den Kopf. Nur die Richtung nicht verlieren … nur die Richtung nicht verlieren! Die Tiere schwitzten und jagten über die Schneefläche. Er erhob sich von seinem Sitz und schwang die Peitsche. Da fuhr ihn der Wind so heftig von der Seite an, daß er fast aus dem Schlitten gefallen wäre. Der Wind schlitzte die Wolken auf, die sich mit lautlosem Gelächter weit öffneten: Schnee drang aus ihren Bäuchen. Der Wind ergriff ihn und schleuderte ihn gegen den Reisenden. Stenka fürchtete sich. Der Schneesturm nahm ihm jede Sicht. Der Schneesturm peitschte sein Gesicht, wie er die Pferde gepeitscht hatte. Es wurde finster. Der Wind hatte sich mit der Nacht gegen ihn verbündet. Wo war die Richtung? Wo waren die Häuser? Er hatte für einen Augenblick den Gedanken, von seinem Ziel abzulassen und gegen den Sturm zu fahren. Ein letzter, wütender Protest. Aber die Pferde wurden langsamer, sie begannen zu ermatten. Es nützte nichts mehr, daß er die Peitsche kreisen ließ. Die Tiere waren keine Maschinen. Der Schneesturm fuhr brüllend und wild durch die Gestänge des Schlittens. Stenka bemerkte, daß die Tiere nur noch im Schritt gingen. Er riß an den Zügeln: der Schlitten stand. Die Peitsche in einer Hand, kletterte er von seinem Sitz herab und ging nach vorn. Die Pferde zitterten. Die Peitsche holte zum Schlag aus. Der Sturm riß an der Schnur und pfiff über sie alle hinweg. Mitten im Schlag hielt der Mann inne und trat an ein Pferd heran. Tier und Mensch sahen sich in die Augen, stumm, fast, als ob sie begriffen. Der Mann legte seine Hand an den Hals des

Pferdes. Er fühlte unter dem heißen, nassen Fell die geschwollenen Adern, durch die das Blut raste. Seine Finger bewegten sich zu einer armseligen Liebkosung, die aber unbemerkt bleiben mußte in der höhnischen Wildheit des Schneesturms.

Stenka ging langsam mit gebeugtem Oberkörper zurück und kletterte unter Aufbietung seiner letzten Kräfte auf den Sitz. Er bewegte die Leine, die Pferde zogen langsam an. In hohem Bogen warf er die Peitsche von sich. Der Schnee begrub sie bald. Die Pferde gingen Schritt, und er hüllte sich auf seinem Sitz fest in die Pelzdecken ein und achtete nicht mehr auf die Richtung. Es war ihm gleichgültig, wohin die Tiere ihn brachten. Er bildete sich sogar ein, irgendwie fröhlichgespannt darauf zu sein, wo er landen und den Schlitten verlassen würde. Er war nahe daran, die Zügel frei zu geben, hätte er nicht seine Hand dem wütenden Zugriff des Schneesturms aussetzen müssen. Plötzlich vergrößerte der Schlitten seine Geschwindigkeit so beträchtlich, daß er aufsah. Das Gespann raste eine steile Böschung hinab, eine Uferböschung. Hastig zerrte er an der Leine, lehnte sich zurück, stemmte sich mit dem ganzen Gewicht seines Körpers gegen den Lauf – vergeblich! Er konnte die Fahrt nicht aufhalten. Gleich darauf jagten sie über die dünne Eisdecke des Flusses. ›Du mußt abspringen, Du mußt Dich fallen lassen‹ dachte er, aber es war schon zu spät. Es krachte, die Pferde brachen ein. Sie schrien, wie er es noch nie in seinem Leben gehört hatte: Schreie der größten Angst, Todesschreie! Der Reisende vergaß sein eigenes Schicksal, er blickte mit entsetztem Gesicht auf die Tiere.

Da rief jemand am Ufer. Er konnte seinen Kopf nicht wenden. Eine menschliche Stimme rief: »Bleibt auf dem Schlitten. Ich hole Euch!« Stenka sah, wie die Tiere verendeten. Der Schlitten stand fast senkrecht. Jeden Augenblick mußte er in das Loch der Eisdecke hineinrutschen. Er schloß die Augen. Da fühlte er sich auf einmal von riesigen Händen ergriffen, die ihn aus dem Schlitten zogen und an das Ufer trugen. ›Der Wind wird sich eine neue Quälerei ausgedacht haben‹ meinte er. Doch da fühlte er Boden unter den Füßen. Seine Augen öffneten sich. Ein großer Mann stand vor ihm, ein Mann mit seltsamen schwarzen Augen und einem nebelfarbenen Bart. Stenka wähnte ihn zu kennen, ihn schon irgendwo einmal gesehen zu haben. Der Wind hatte nachgelassen und sich in seine Schlupfwinkel verkrochen.

»Komm«, sagte der Fremde.

»Wohin willst Du mich bringen?«

»Komm!«

Stenka lief neben dem großen Mann her. Sein schwerer Pelz zog ihn zur Erde hinab. Jeder Schritt wurde ihm zur Qual. Schließlich konnte er sich nicht mehr bewegen. Er blieb immer mehr zurück. Da drehte sich der Fremde nach ihm um, ging ein paar Schritte zurück, hob ihn empor und trug ihn so mühelos, als ob er nicht schwerer als ein Habicht wäre.

»Wohin willst Du mich bringen?«

»Schweig.«

»Warum sagst Du es mir nicht?«

»Gedulde Dich.«

»Darfst Du es mir nicht sagen?«

»Sei still.«

Nach einer Weile gelangten sie an ein verschneites Blockhaus. Der Fremde setzte Stenka ab.

»Folge mir.«

Sie gingen in einen kahlen, viereckigen Raum hinein. Unter einem Tisch standen eine Anzahl leerer Schnapsflaschen. Auf der Tischplatte lagen Bücher und beschriebene Papierbogen.

»Warum hast Du mich hierher gebracht?«

»Sei still.«

Stenka schwieg, bis sich der Fremde Hausschuhe angezogen, auf den Stuhl gesetzt hatte und ihn anzusehen begann.

»Wer bist Du?«

»Das geht Dich nichts an.«

»Was willst Du von mir? Warum hast Du mich hierher gebracht?«

»Du kannst gleich gehen. Ich habe Dich gerettet, weil ich Dir etwas sagen wollte.«

»Was willst Du mir sagen?«

»Wenn Napoleon das Recht hatte, hunderttausend Menschen sterben zu lassen, damit einige andere zufrieden leben können, dann haben die Miliz und der Korporal auch das Recht, Dich sterben zu lassen. Und wenn Napoleon dieses Recht hatte, dann sehe ich nicht ein, warum nicht auch Du einen Menschen umbringen darfst, damit Du Dein eigenes Leben erhältst.«

Er schwieg.

»Ist das alles, was Du mir sagen wolltest?«

»Ja. Wenn Du willst, kannst Du gehen.«

Stenka wandte sich um und ging wortlos zur Tür. Er wollte hinaustreten, als er die Stimme der Witwe hörte: »Wer ist da? Warten Sie einen Augenblick. Ich bin ja gleich da. Nur einen Augenblick.« Dann sah er die Frau aus einem Winkel treten, ohne den Kattunkittel, nackt. Sie kam auf ihn zu und legte ihm die Arme um den Hals. Er wollte schreien und sich wehren: aber Arme und Zunge versagten ihm den Dienst. Der Griff der Frau wurde immer fester, er fühlte, wie sie ihn würgte, und dabei lachte sie tief und gemein.

Stenka erwachte und blickte in Erkkis lächelndes Gesicht.

Er schlug die Decke zurück und richtete sich auf. Draußen begann es hell zu werden, im Garten schimpfte schon eine Elster.

»Ich habe etwas Merkwürdiges geträumt,« sagte Stenka.

»So? Von einem Mädchen?«

»Nein, nicht eigentlich.«

Erkki zog den Spiegelscherben von dem riesigen Nagel herunter und sah hinein. Er strich sich über die Augenlider und über das Kinn.

»Ich werde mich ab heute rasieren. Der Bart muß verschwinden. – Gibt es etwas Neues?«

»Nein. Ich ging gestern früh zu Bett.«

»Leo wird wohl bald schreien. Es ist besser, wenn Du aufstehst.«

Stenka stand auf und legte die braune Decke zusammen.

Erkki seifte sich ein und schärfte das Rasiermesser an einem Lederriemen. Bevor er es ansetzte, fragte er:

»Könntest Du Dir mit solch einem Ding den Hals durchschneiden?«

»Wieso?«

»Ich meine: wenn das das einzige Gerät wäre, mit dem man Schluß machen könnte, würdest Du es tun, falls Du keinen Revolver hättest.«

»Ich würde es niemals tun,« sagte Stenka. Er dachte: ›Diese Frage hat eine Bewandtnis … was will er damit sagen … hat sich etwas geändert? … wissen sie, wer ich bin … soll das eine Aufforderung gewesen sein … hat er Angst bekommen?‹

»Warum? Wenn man nur darauf warten muß, bis andere es tun … Es ist doch viel angenehmer, wenn man selbst … das nimmt einem die Ungewißheit …«

Stenka spürte auf einmal einen heftigen Schmerz in seiner Brust. Er preßte sein Ohrläppchen zusammen, in der Hoffnung, der Schmerz werde abgelenkt werden. Der Schmerz wurde nicht abgelenkt, er fand mühelos den Weg ins Gehirn. Das Rasiermesser fuhr kratzend über Erkkis Wange.

»Wenn man Dich vor die Wahl stellte, entweder selbst, oder andere .. Du würdest also warten, bis es andere tun?« Während er sprach, setzte er das Messer ab.

Stenka sagte:

»Ich darf es nicht selbst tun.«

»Nanu?«

»Ich habe kein Recht dazu. Was bedeuten aber diese Fragen? Willst Du sagen, daß ...«

»Nein, nein. Es fiel mir nur so ein. Ich weiß nicht, warum ich Dich danach fragte. Aber: wir müssen noch etwas besprechen.«

»Wissen sie es etwa schon?«

»Was? Ach so. Das glaube ich nicht. Bisher weiß es nur ich. Das heißt, Manja weiß es auch. Ich habe es ihr erzählt.«

»Manja?«

»Ja. Das Mädchen, das ich heiraten werde. – Es ist nicht anzunehmen, daß sie ausplaudert.«

»Wann erfuhr sie davon?«

»Heute nacht.«

Stenka begann am ganzen Körper zu zittern. Er setzte sich auf das Kistenbett. Es knarrte, als ob das Lager zusammenbrechen wollte. Er blickte mit seinen schrägstehenden Augen den Jungen an, der sich vor ihm rasierte. Am liebsten hätte er seinen Karton genommen und wäre wortlos hinausgegangen, wenn er nicht gewußt hätte, daß es sinnlos gewesen wäre. Hinter der dünnen Seitenwand hörte er die Witwe durch das Zimmer schlurfen. Er dachte an den vergangenen Abend. Sie wußte es auch. Er dachte an sein eigenes Vorhaben: ›ich werde mit Erkki reden ... ich werde ihn fragen, was er für das Beste

hält ... von ihm ist ein ehrlicher Ratschlag zu erwarten ...‹
Bisher hatte er den Mut nicht gefunden, mit dem Jungen frei
über seine Lage zu sprechen. Aber es war notwendig. Er überwand sich und fragte:

»Was wolltest Du mit mir besprechen?«

Erkki wusch die Seife aus seinem Gesicht ab. Es wurde wieder dunkel im Zimmer, als ob die Nacht sich in der Zeit geirrt
hätte. Mißmutige Wolken hingen über dem Garten, es begann
zu regnen. Die Tropfen schlugen gegen das Fenster, unausge-
setzt, klatschend, verzweifelt, wie wenn es darum ginge, sich
ins Trockne zu retten.

»Ich muß mit Dir reden«, sagte Erkki, als er sein Gesicht
abgetrocknet, das Handtuch fortgehängt und das Rasierwasser
in den Garten gegossen hatte.

»Glaubst Du eigentlich an das Schicksal oder an so etwas
ähnliches?«

»Ja,« sagte Stenka, »ich glaube daran.«

»Hm. Dann ist es schon schwieriger.«

»Was willst Du damit sagen? Hängt davon unsere Besprechung ab?«

»In mancher Hinsicht schon. Das heißt: ob Du meinen Rat
annimmst oder nicht.«

Erkki setzte sich auf das Kistenbett und zog die Knie an.

»Welchen Rat wolltest Du mir geben?«

»So schnell wie möglich aus Pekö zu verschwinden.« Stenka
nickte, als ob er diesen Rat erwartet hätte. Er überlegte: ›Was
sollte er mir anderes raten? Welcher Mensch könnte mir jetzt
überhaupt einen anderen Rat geben? Das wußte ich auch selbst.
Aber die Bestätigung meiner eigenen Gedanken hat etwas für
sich. Ich muß hier verschwinden. Sie werden mich fangen, ich
weiß es bestimmt. Aber ich muß hier fort ...‹

Laut sagte er:

»Meinst Du, ich sollte heute noch fortgehen?«

»Ja. Das ist das beste für Dich. Vielleicht gehst Du schon jetzt. Ich werde Leo sagen, daß Du schon fort warst, als ich erwachte. – Du tust mir leid.«

Stenka dachte: ›Ich tue ihm leid.‹ Laut sagte er:

»Sie werden meine Spur schnell entdecken.«

»Das glaub ich nicht,« sagte Erkki. »Vielleicht kümmert sich Leo heute nicht um uns. Dann könntest Du einen ganzen Tag und womöglich eine ganze Nacht dazu benutzen, Dich in Sicherheit zu bringen.«

»Meinst Du, das ist richtig?«

»Ich mein es. Bisher wissen nur zwei Menschen in Pekö, wer Du bist, Manja und ich.«

›Und die Witwe‹ dachte Stenka, ›aber das will ich ihm gar nicht erst sagen.‹

Der Regen trommelte gegen die Fensterscheibe.

»Du solltest jetzt gehen. Es wird Dir um diese Zeit und bei diesem Wetter kein Mensch begegnen. Ich werde Dir mein gesamtes Geld geben, Du wirst es gebrauchen können.«

»Du bist gut zu mir, Erkki, ich werde das Geld annehmen.« Stenka erhob sich und zog seinen Karton hervor und öffnete ihn. Erkki verfolgte seine Bewegungen. Er sah zu, wie der Lehrer seine Uhr herausnahm und dann in eine Tasche schob.

Draußen wurde der Regen immer wilder. Er stürzte sich auf die Bäume, Dächer und Pfähle, er knickte die Blumen und setzte den Sträuchern zu, er verband sich mit dem Bach und riß der Erde einen Fetzen nach dem andern ab, er schlug dem Posten vor dem Gefängnistor ins Genick, daß dieser zu zittern begann, er sprang über Wege und Drähte, er verbog die Gräser und verscheuchte die Elstern, die Habichte und die Sperlinge. Er wusch das Kopfsteinpflaster und ertränkte den Staub.

Stenka stand an der Tür. Er hielt den Karton in der Hand und lächelte gequält.

»Manja wird doch nichts erzählen, Erkki?«

»Nein. Du kannst Dich darauf verlassen. Niemand wird etwas erfahren. Ich wünsche Dir alles Gute. – Halt! Noch einen Augenblick: hast Du eine Waffe?«

»Nein. Ich brauche keine.«

»Das ist Unsinn. Eine Waffe braucht man immer. Komm, nimm diesen Revolver.«

Erkki reichte ihm einen kleinen, modernen Trommelrevolver.

»Verwahre ihn gut. Du wirst ihn bestimmt brauchen.«

»Und Du?«

»Ich habe einen zweiten, der noch etwas stärker ist.«

Stenka ergriff Erkkis Hand, um ihm Lebewohl zu sagen, als die gewaltige Stimme Leos vom Flur her ertönte.

Er schrie:

»E-r-k-i!«

Erkki sprang zur Tür, flüsterte hastig: »Stell den Karton unter den Tisch, leg Dich aufs Bett,« und stürzte hinaus. Unten am Treppenabsatz stand Leo. Er sah übernächtig aus und trug ein offenes Hemd. Seine riesige, fleischige Hand ruhte auf dem Geländer. Der Junge lief die Stufen hinunter und blieb dicht vor Leo stehen.

»Der Regen zerschlägt uns alle Glasplatten auf den Beeten. Ihr müßt raus und Bretter drüber legen. Aber sofort! Wo ist Stenka, der Wasserbulle? Jag ihn raus, hörst Du!«

Leo sah verärgert aus.

»Warum wartest Du noch?« schrie er, als Erkki, im Glauben, der Riese wolle noch etwas sagen, vor ihm stehenblieb.

Erkki wandte sich um und sprang die Treppen hinauf.

»Du kannst jetzt nicht fort,« sagte er zu Stenka, »wir müssen die Glasplatten über den Beeten abdecken. Der Regen schlägt alle kaputt. Hast Du etwas Wasserdichtes?«

»Nein.«

»Dann nimm diese Jacke.«

Die beiden Männer zogen sich altes Zeug an, verließen ihren Raum und öffneten die kleine, grüngestrichene Tür, die zum Garten führte.

Der Regen schlug ihnen ins Gesicht, sie liefen zum Schuppen hinüber, in dem die Bretter lagen.

Erkki schloß auf. Hier waren sie sicher vor dem Regen.

»Paß auf,« sagte Erkki, »wir tragen schnell die Bretter hinüber, und wenn wir fertig sind, verschwindest Du. Leo wird von uns nicht verlangen können, daß wir bei diesem Wetter draußen arbeiten. Er wird uns wohl in Ruhe lassen und darum bis morgen gar nicht merken, daß Du fort bist. Du gehst sicherheitshalber durch den Garten und kletterst hinten über den Zaun. Kein Mensch wird Dich sehen.«

»Gut, das werde ich tun. Ich danke Dir, Erkki.«

Die Männer begannen wortlos mit ihrer Arbeit. Sie trugen Bretter zu den Beeten hinüber und legten sie auf die Glasplatten. Der Regen stürzte sich auf ihren Nacken und auf ihre Handgelenke. Sie achteten nicht darauf. Ihre Finger wurden rot und blau. Stenka fror am ganzen Körper. Während er arbeitete, dachte er: ›Jetzt nur nicht krank werden ... nur nicht jetzt ... wohin soll ich denn überhaupt gehen? ... niemand wird mich haben wollen ... zu Roskow vielleicht? ... zu Roskow! ... Aber später? ... Ich muß versuchen, im Kiefernwald einen Unterschlupf zu finden ... Hoffentlich sieht mich niemand ... Aber wer soll mich hier schon kennen? ... Ich war nur selten bei Ma-

towski, um Blumen abzuholen … Roskow kennt mich nicht …
aber die Witwe … die Witwe!‹

Stenka sah hinüber zu ihrem Fenster, er zuckte zusammen:
dort oben stand die Frau und blickte in den Garten. Über das
Fensterglas lief der Regen und verzerrte ihre Konturen. ›Sie
ist nackt,‹ dachte er, ›sie hat nicht einmal den Kattunkittel an.
Wenn sie nur nicht den ganzen Tag am Fenster stehen bleibt.‹

Erkki sagte:

»So. Ich glaube, wir sind fertig. Gehe schon hinein, ich werde
den Schuppen abschließen.«

Als Stenka die grüngestrichene Tür öffnete und auf den mit
gebrannten Steinen ausgelegten Gang trat, hörte er Leos Stimme im Laden. Der Riese sagte:

»Der Regen ist zu scharf, zu heftig; er schlägt alles kaputt.«

»Aber hier im Laden ist doch vom Regen nichts zu merken,«
antwortete ihm jemand.

»Das stimmt,« sagte Leo.

»Stimmt das wirklich?«

Stenka ging vorsichtig die Stufen hinauf. Sie knarrten wie
aus Schadenfreude. ›Wenn jetzt nur nicht die Witwe heraus-
kommt.‹ Bei jedem Schritt fühlte er Schmerzen in seiner Brust.
Als er in seinem Raum stand, brach aus seiner Stirne der
Schweiß aus. Er war erschöpft. Er trat langsam ans Fenster und
blickte in den Garten hinunter. Erkki verschloß den Schuppen
und lief zum Haus zurück. Bald darauf hörte er ihn unten
mit Leo sprechen. ›Wenn er nur bald zurückkommt, wenn er
überhaupt zurückkommt,‹ dachte Stenka. ›Ich muß ihn noch
einmal sehen, bevor ich gehe.‹

An der dünnen Seitenwand hörte er ein Kratzen. ›Soll das
etwas bedeuten? Soll ich hinüberkommen? Will sie mir etwas
sagen? Oder gilt das Erkki?‹

Stenka sah auf einer Kiste ein Stück Brot liegen. Er wollte die Hand danach ausstrecken, aber er wagte es nicht, weil er fürchtete, die Witwe könne selbst diese Bewegung wahrnehmen und daraus schließen, daß sich jemand im Nachbarraum aufhielt. Er wollte sich ruhig verhalten, sie sollte glauben, es sei niemand da.

In diesem Augenblick knarrte wieder die Treppe. Erkki kam herauf, öffnete die Tür und machte mit den Armen eine verzweifelte Gebärde.

»Was ist los?« fragte Stenka leise.

»Du kannst jetzt nicht fort. Aati ist da.«

»Aati?«

»Ja. Er sitzt im Büro und ist einer der mächtigsten Leute. Er spricht gerade mit Leo. Wahrscheinlich gibt es bald etwas Neues. Wo Aati hinkommt, gibt es immer etwas Neues. Kennt er Dich?«

»Nein. Ich glaube nicht.«

»Das ist sehr günstig. Wahrscheinlich sind sie schon auf Deiner Spur. Aati ist der klügste Schnüffler, den ich kenne. Du mußt doch noch versuchen, zu verschwinden.«

»Gleich?«

»Ja. Ich werde zu Leo in den Laden gehen und die beiden in ein Gespräch verwickeln. Währenddessen kommst Du die Treppe hinunter – aber vorsichtig – und gehst in den Garten. Ich würde Dir empfehlen, den Revolver nicht zu tief in der Tasche zu vergraben.«

Erkki verließ den Raum, nickte dem Mann zu und ging wieder nach unten. Stenka hörte, wie Leo ihm im Laden Aufträge gab.

›Jetzt ist es günstig, schnell hinaus, die Zeit der Gefahr verkürzen, das heißt: die Gefahr selbst herabsetzen.‹

Er zog den Karton hervor und ging hinaus. Seine Hand ergriff das Geländer. ›Wenn die Treppe diesmal nur nicht knarren wollte.‹ Zögernd setzte er den rechten Fuß auf.

»Haben Sie Angst?«

Stenkas Finger umkrallten das Geländer. Er sah zur Seite und erbebte: die Witwe hatte lautlos die Tür ihres Zimmers geöffnet und lachte ihn an.

»Wollen Sie verschwinden?« fragte sie wiederum. Der Kattunkittel bedeckte ihren Körper – nicht die Knöchel. Die Zehen bewegten sich in den ausgetretenen Filzlatschen.

»Haben Sie Hunger?« fragte sie abermals. »Wollen Sie nicht zu mir hereinkommen? Ich mache Ihnen schnell etwas fertig.«

Leo mußte von unten die Stimme der Frau vernommen haben. Er trat plötzlich auf den Gang hinaus und rief, als er Stenka mit dem Karton auf der Treppe gewahrte:

»Komm, komm! Was gibt es da soviel zu bereden? Im Laden wartet Arbeit.«

Die Witwe verschwand und schloß die Tür.

Langsam stieg Stenka die Stufen hinab, stellte seinen Karton vor die grüngestrichene Tür, und ließ sich von dem Riesen in den Laden führen.

Auf einem Hocker saß ein kleiner, schmieriger Mann. Seine unbehaarten Handgelenke stachen aus den Löchern der viel zu kurzen Ärmel wie Wachskerzen heraus. Zwischen seinen Füßen stand ein brauner Koffer. Erkki fegte Blätter und Erde zusammen.

»Das ist Stenka,« sagte Leo und schob den schmalbrüstigen Mann dicht an den Hocker heran.

»Guten Morgen, Stenka,« sagte der Kleine lächelnd.

Stenka bot dem Fremden die Hand, zog sie jedoch schnell

wieder zurück, als er merkte, daß sein Gruß nicht erwidert wurde.

»Wie lange bist Du denn schon hier?«

»Noch nicht lange!«

»Und wie gefällt es Dir?«

»Es gefällt mir gut.«

Leo sagte:

»Ich bin zufrieden mit ihm. Er versteht viel von Blumen. Er zog früher selbst Natternköpfe und Schweiflilien. Zwischendurch hat er in einem Sägewerk Löhne ausgerechnet.«

»Es freut mich ganz besonders, daß er viel von Blumen versteht,« sagte Aati. »Ich liebe auch Blumen, ich liebe sie mehr als Frauen. Blumen haben größere Geduld als Frauen. Außerdem: die Arten der Frauen könnte man an den Fingern abzählen, die der Blumen jedoch nicht. Schade nur, daß sie so schnell verblühen. Das ist aber auch der einzige Nachteil, den sie besitzen.«

Leo lachte fett, schluckte Speichel herunter und kratzte sich in der Achselhöhle. Das war sein Beifall.

Stenka beobachtete heimlich den kleinen Mann auf dem Hocker. Er war sicher, ihm noch nie in seinem Leben begegnet zu sein.

»Es ist sehr dunkel hier drin,« sagte Leo dröhnend, »man müßte eigentlich Licht anmachen.«

»Warum?« sagte der Kleine. »Ich liebe die Dämmerung. Sie gibt uns ein gewisses Sicherheitsgefühl. Die Habichte wissen es auch: in der Dämmerung werden Mäuse und Küken argloser.«

»Mäuse auch?« fragte Leo ungläubig.

»Ich nehme es an, genau kann ich es natürlich nicht sagen.«

Erkki fegte Blätter und Erde auf eine Schaufel und sah aus gebückter Haltung auf Aatis Knie, die sich deutlich im Hosenstoff abzeichneten. Er dachte: ›Aati muß spindeldürre Beine haben. Sicherlich leidet er an einer Krankheit.‹

Der Riese machte einen Schritt nach vorn und legte Stenka seine schwere, fleischige Hand auf die Schulter.

»Du wirst mir aus dem Schuppen eine Rolle dünnen Draht holen, Stenka. Aber schnell!«

Aati nickte ihm zu, wie man etwa einem Kind zunickt, wenn es zum ersten Mal Milch holen soll, und wenn man dabei spricht: Also geh jetzt, und sei hübsch brav, und verliere nicht das Geld, und laß Dir keine Buttermilch, sondern Vollmilch geben, und halte Dich unterwegs auch nicht auf.

Stenka verließ den Laden. Vor der grüngestrichenen Tür stand sein Karton. Er hob ihn auf und trat in den Garten hinaus. Der Regen stürzte sich sofort auf ihn und trommelte wütend auf der Pappe herum. Der Mann ging langsam bis zum Schuppen, schloß auf und suchte nach einer Drahtrolle. Es war nichts zu finden.

Er lehnte sich gegen den Türpfosten und sah hinauf zu dem Fenster der Witwe. ›Gott sei Dank: Dort steht niemand. Es ist eine gute Gelegenheit. Jetzt kann ich mich entfernen … die Witwe wird mich nicht bemerken … ich habe meine Sachen bei mir … jetzt durch den Garten gehen bis nach hinten .. und dann .. über den Zaun …‹

Hastig ergriff er seinen Karton. Er verschloß nicht erst die Tür des Schuppens, sondern lief über den glitschigen aufgeweichten Weg zur Rückseite des Gartens. Als er den Zaun erreicht hatte, blieb er stehen und blickte zurück. Niemand folgte ihm, das Fenster der Witwe schimmerte nicht einmal durch die Äste. Stenka fror und schwitzte abwechselnd, seine Strümpfe waren durchnäßt, das Leder seiner Schuhe aufgeweicht und fleckig.

Der Zaun war gut einen Meter hoch. Stenka stieg hinüber, sprang eine Böschung hinab und verschwand bald hinter einer dichten Hecke. Niemand sah ihn.

Leo sagte:

»Ich möchte nur wissen, wo Stenka bleibt. Es ist doch nicht so schwer, eine Rolle Draht zu finden. Erkki!«

»Ja?«

»Gehe hinaus und zeige Stenka, wo die Drahtrollen liegen.«

Erkki ging hinaus.

»Er muß erst lernen, wo jedes Ding seinen Platz hat,« sagte Leo. »Er kann es ja nicht wissen. Wenn er länger bei uns ist, wird er es wissen. Gut, lassen wir das.«

Dieses »gut, lassen wir das« hatte Leo so gesagt, als ob nicht der Kleine, sondern Erkki auf dem Hocker gesessen hätte. Wahrscheinlich war ihm in dem Augenblick, da er das sagte, gar nicht bewußt, wer in seinem Laden saß. Sonst hätte seine riesige Pranke sicherlich auch nicht nach der Blüte einer Pfingstrose gelangt, diese abgerissen und unter die Nase geführt. – Der Riese zeigte sich daher höchst betroffen, als Aati mit diskret-gemeinem Tonfall fragte:

»Was sollen wir lassen?«

»Ähä, ähä, ähä!« Leo lachte. »Ach so, ja. Das war nicht so gemeint, ähä, ähä. Das ist so eine Redewendung von mir. Hat gar nichts zu sagen, nichts zu bedeuten. Jeder hat so seine …«

»Ich weiß,« unterbrach ihn der Kleine, »jeder hat so seine … Dein Stenka bleibt lange fort, nicht wahr?«

»Ich werde ihm zeigen, wo die Drahtrollen liegen!«

»Warum?«

»Damit er sie nächstens schneller findet.«

»Nächstens?«

»Na, ja, wenn ich ihn wieder ..«

»Was heißt wieder?«

»Es kann vorkommen –«

»Das glaube ich nicht.«

»Was soll das heißen?«

»Der kommt nicht wieder!«

Aati lächelte, als er sah, daß die Lippen des Riesen zitterten.

»Du brauchst nicht hinauszugehen. Er ist fort. Weißt Du, wer das war?«

Leo glaubte, es sei ein böser Scherz. Er wollte hinauslaufen, Stenka rufen und ihn vor den Hocker stellen; einmal den Kleinen im Unrecht sehen, ihm beweisen, daß sein Verdacht völlig unbegründet war, das sollte sich wohl lohnen!

»Weißt Du, wer es war?« wiederholte Aati.

Der Riese knirschte mit den Zähnen, zerriß wütend die Blume und warf den Rest an die Wand.

»Ich werde ihn rufen,« sagte er unwillig.

»Bitte. Er wird nichts darauf geben, das heißt: Deine Stimme wird ihn nicht erreichen!«

Leo riß die Tür auf und prallte mit Erkki zusammen.

»Was ist? Wo ist Stenka? Warum hast Du ihn nicht mitgebracht?«

»Ich habe ihn nicht gefunden«, sagte der Junge leise und drehte die Drahtrolle zwischen seinen Fingern. Von seinen Hosenrändern troff es auf die rotgebrannten Steine des Flurs.

»Laß mich vorbei!« Der Riese schob ihn zur Seite und stürzte in den Garten hinaus. Aati und Erkki hörten ihn draußen rufen.

»Weißt Du, wer es war?« fragte der Kleine.

»Nein,« sagte Erkki.

»Nein?«

»Nein!«

»Das ist komisch.«

»Warum?«, fragte Erkki dreist.

»Wenn zwei Menschen einen Raum teilen, gibt es keine Geheimnisse zwischen ihnen. Ich kann mich natürlich irren. Wir können uns alle einmal irren, wir sind ja nicht vollkommen. Hast Du Dich bereits geirrt, irgendwann?«

»Das kann schon sein.«

»So, na ja. Du weißt also nicht, mit wem Du zusammen wohntest?«

Erkki schüttelte den Kopf.

»Wenn zwei Menschen in einem Raum schlafen, wenn sie sich beim Entkleiden beobachten – sehr vorsichtig zuerst – Du verstehst – und wenn sie schließlich dahin kommen, die Haut des anderen nicht mehr zu beachten, wenn sie den Schlaf nicht mehr so lange fortschicken, bis sie die ruhigen Atemzüge des andern hören, ich meine: wenn das fleischliche, das animalische Mißtrauen von ihnen abfällt, glaube ich, gibt es zwischen ihnen keine Geheimnisse mehr.«

»Ach so,« sagte Erkki gleichgültig. Seine Gedanken waren bei Stenka. Er dachte: ›das war sehr ungeschickt von ihm … er hätte noch etwas warten sollen … der kleine Schnüffler hat Lunte gerochen … hoffentlich regnet es noch lange … Stenka muß versuchen, irgendwo unterzutauchen ..‹

Der Riese riß die Tür auf, keuchte, trat mit seinen Kindersärgen so hart auf den Fußboden, daß es quatschte, wischte sich mit einer klatschenden Bewegung die Regentropfen aus dem Gesicht und schrie:

»Er ist verschwunden, er ist nicht zu finden!«

Der Kleine auf dem Hocker lächelte:

»Weißt Du, wer er war?« fragte er.

Leo strich sich über das geölte Haar und rieb seine Hand an der Hose ab.

»Natürlich weiß ich, wer er war.«

»Wer denn?«

»Er hat Löhne in einem Sägewerk ausgerechnet.«

Aati legte seinen Kopf auf die linke Schulter und blickte zu ihm hinauf wie ein Vogel.

»In einem Sägewerk?«

»Das hat er uns erzählt.«

»Es ist nichts leichter in der Welt, als die Wahrheit zu umgehen.«

»Wieso? Hat er uns belogen?«

»Wir wollen nicht so hart sein,« flüsterte der Kleine, »wir wollen sagen: er hat die Wahrheit schlecht behandelt!«

»Hm,« brummte der Riese und kratzte sich in der Achselhöhle.

»Es war der *Lehrer*, den wir überall suchen lassen!«

»Der Lehrer?«

»Ja,« sagte der Kleine ernst und erhob sich von dem niedrigen Hocker. »Es war der Lehrer. Ihr wißt, wie gefährlich solch ein Mann ist. Wer noch nicht erkannt hat, wie wichtig die Erziehung für das Leben eines Menschen ist –«

»Dann hat er uns belogen«, knurrte Leo und riß Erkki die Drahtrolle aus den Fingern.

»Er wird es wohl getan haben. – Wer junge Menschen erzieht, nimmt sich selbst zum Vorbild. Seine Gedanken über die Welt, über die Zahlen, über die Geschichte … ich meine ein einziger Mensch kann fünfzig anderen beibringen, auf seine Art zu denken, die Nachbarschaft zu sehen und einzuschätzen. Ein Lehrer kann sich vor seine Klasse hinstellen und behaupten, Tolstoi sei ein dekadenter, sinnlicher Schreiber, der, wie die Natur, unaufhörlich das Laster predigt, und er kann den lernenden Affen in den Schulbänken, denen sein Wort nicht viel weniger als Honig bedeutet, beibringen, vor Tolstoi die Augen zu schließen, ihn zu verabscheuen. Ich bin überzeugt, daß dieses früh eingepflanzte und immer wieder begossene Vorurteil ein ganzes Leben nicht verwelken wird.«

Leo zündete sich eine Pfeife an, seine Knie zitterten, die Zunge wälzte sich wie ein Rochen durch den Speichel. Er spuckte aus. »Los, Erkki, wir wollen ihm nach. Du gehst durch den Garten – «

»Warum?« unterbrach ihn Aati, »warum diese Aufregung?« Er lächelte schief und hinterlistig. »Du weißt: die Strecke hat als Summe ihrer kleinsten Teile keine Ausdehnung. Somit gibt es keine Bewegung. Der Mann wird sich also nicht wesentlich – oder überhaupt nicht? – entfernen können, er wird immer da sein für uns, erreichbar in jeder Sekunde. Wir werden nur die Hand nach ihm auszustrecken haben.«

Leo grinste gutmütig, er wußte, daß man den Kleinen niemals unterschätzen konnte.

»Ja, er wird immer für uns da sein. – Ich denke da an einen Dichter, der heute wohl schon tot ist. Der sagte: wir gehen nicht über die Straßen, die Straßen gehen durch uns, sie führen durch unser Herz. Und wenn wir keine Herzen mehr haben – was ja sein kann – ich gebe es zu – dann führen die Straßen durch unseren Kopf oder doch an der Stelle vorüber, wo sich einst unser Herz befunden hat. Ich denke mir diese Stelle als einen einsamen Spielplatz, wo Füchse und Habichte nahe an Kinder herankommen und aus großen traurigen Augen das Spiel verfolgen.«

SECHSTES KAPITEL

Grüner Schnaps

Der Regen hatte Stenkas Jacke überwunden, er war an die Haut gelangt. Das schien ihn zufrieden zu stimmen. Die Tropfen fielen langsamer, gemächlicher, ohne Empörung. Sie fielen so, als ob sie des nassen Spiels müde, überdrüssig wären. Von den Hecken ließen sie sich fallen, von Ästen, Gräsern und Dachrinnen. Wenn sie an die Erde schlugen, zerplatzten sie lautlos, wenn sie in eine Pfütze gerieten, hinterließen sie für den Bruchteil einer Sekunde einen Ton in der Welt: pflypf – pflypf – pflypf –. Stenka fror. Der Pappkarton war aufgeweicht, aber er tat noch seinen Dienst. Die Schuhe waren naß und schwer, er hätte sie am liebsten ausgezogen und fortgeschleudert. Das Hemd klebte an seinem schmalen Körper. Ein kalter Wind kam auf; der verjagte die Regenwolken.

Stenka lief über einen schmalen, glatten Feldweg. Es waren keine Vögel zu sehen, keine Elstern, keine Habichte. Niemand war ihm bisher begegnet.

Er dachte an Erkki: ›Ich hätte mich bei ihm bedanken sollen … Erkki ist ein guter Junge … hoffentlich hat er meinetwegen keine Scherereien … Gott bewahre!‹

Etwas drückte auf seinen Oberschenkel. Stenkas Hand fuhr in die Tasche und zog den Revolver heraus. Er blieb stehen, setzte den Pappkarton ab und rieb den feuchten Lauf blank.

›Was soll ich damit!‹ dachte er und spannte den kleinen, unscheinbaren Hahn. Der Zeigefinger bewegte die Trommel.

Sie drehte sich langsam. In jedem Loch steckte eine Patrone, sechs Patronen insgesamt. – ›Wozu schleppe ich dieses Instrument mit mir herum? … Was soll es mir nützen? … wann soll ich es gebrauchen? … Ich muß diesen Revolver an Erkki zurückgeben … aber später, später … es ist Erkkis Eigentum.‹ Er wog den Revolver in seiner Hand und richtete den Lauf auf die Erde. Ein Finger, unwissend, nichtsahnend, krümmte sich: Stenka erschrak: das Instrument hatte sich aufgebäumt, eine kleine Flamme war am Eingang des Laufes deutlich sichtbar gewesen, ein Schuß hatte sich gelöst. Die Kugel war in die Erde gefahren. – Der Mann sah sich um: niemand beobachtete ihn. ›Vielleicht haben sie den Schuß gehört?‹ Er nahm den Karton auf, steckte den Revolver in die Tasche und ging, so schnell es ihm der glitschige Feldweg erlaubte, nach Norden, bis der Kiefernwald ihn aufnahm.

Es hatte aufgehört zu regnen. Auch der Wind hatte in seiner Stärke nachgelassen. Stenka stand vor einem kleinen, energischen Bach. Es begann dunkel zu werden. ›Das wird der Bach sein, der an Roskows Gasthaus vorüberfließt … Roskow war freundlich zu mir … ich werde zu ihm gehen und ihn bitten, mich bei ihm schlafen zu lassen … das wird er tun, bestimmt … ich kann ihn diesmal ja dafür bezahlen …‹

Er ging weiter, immer an dem reißenden Gewässer entlang. Die Schuhe blieben in dem weichen Boden stecken, er ließ sie stecken, barfuß war schneller und sicherer vorwärtszukommen. Dann und wann bückte er sich und zog einige Grashalme zwischen den Zehen heraus. Groß und gelb schoß über dem Kiefernwald der Mond hervor. Sein Licht war kalt. Stenka erreichte die Holzbrücke und strich an einem Geländerpfosten seine Füße ab. In Roskows Gasthaus brannten die Lampen. Von der Dachrinne tropfte es in eine Regentonne: pflypf, pflypf,

pflypf. Langsam ging der Mann an das Haus heran. Seine Fußsohlen schmerzten, sie krümmten sich wie Raupen, wie man
sie oft im Sommer eine Chaussee überqueren sieht.

Über ihm wurde ein Fenster geöffnet. Stenka stellte seinen
Karton auf eine kleine Bank, trat wenige Schritte zurück, legte
den Kopf in den Nacken und sah hinauf. Er erkannte schnell
Roskows Gesicht. Wenn der Mond nicht über den Kiefern
gewesen wäre, hätte er kaum die Umrisse von Roskows Gesicht wahrnehmen können. – Sein Blick glitt vom Fenster ab
und blieb an dem gelben Emaille-Plakat hängen, auf dem eine
Bierfabrik im Westen einen fetten Fünfzigjährigen mit blanker
Stupsnase hatte abbilden lassen. Roskow betupfte mit einem
weichen, weißen Tuch seine Bartflechte.

»Ich wünsche Dir einen guten Abend,« sagte Stenka.

»So,« sagte der Gastwirt, »wer bist Du? Was willst Du?«

»Erkennst Du mich nicht?«

»Erkennen? Bist Du mir denn schon unter die Augen gekommen? Ich kann mich nicht daran erinnern – –«

»Es ist zu dunkel.«

»Um seine Freunde zu erkennen, braucht man kein Licht.«

»Wir haben doch zusammen die Sperlinge beobachtet. Hier
an der Brücke, auf einem Stein ..!«

»Der Bach führt viel Wasser. Von dem Stein ist nichts mehr
zu sehen.«

»Du gabst mir den Rat, bei Leo zu arbeiten.«

»Im Blumenladen?«

»Ja.«

Der Gastwirt lachte und schwieg.

»Du hast mir erzählt, daß Matowski tot sei,« sagte Stenka.

»Das hätte Dir jeder erzählen können. Das wissen unsere
Säuglinge.«

»Du hast mir etwas zu trinken gegeben.«

»Ich?«

»Ja.«

»Ich habe vielen Menschen zu trinken gegeben.«

»Auch mir!«

»Na und?«

»Damals konnte ich es nicht bezahlen. Ich hatte kein Geld.«

Plötzlich beugte sich Roskow weit aus dem Fenster heraus und fragte:

»Du hast doch Löhne in einem Sägewerk ausgerechnet?«

»Ja.«

»Warum sagst Du das nicht gleich.« Er zog seinen Oberkörper wieder zurück.

»Ich glaubte, Du würdest mich gleich wiedererkennen.«

»Was willst Du von mir?« Roskows Stimme klang ungeduldig.

»Ich wollte Dich bitten …«

»Mach es kurz!«

»Ich wollte Dich bitten, mir in Deinem Haus ein Lager für die Nacht zu geben. Ich kann es Dir bezahlen. Ich muß morgen früh vor Sonnenaufgang weiter.«

»Wohin willst Du? Hat Leo Dich hinausgeworfen?«

»Nein. Ich bin aus eigenem Entschluß gegangen.«

»So. Kamen ihm Deine Hände verdächtig vor?«

In diesem Augenblick öffnete sich – von robuster Hand aufgestoßen – die Tür zum Gastraum. Roskow zog seinen Kopf vom Fenster zurück, Stenka trat dicht an die Bank heran. Er wünschte sich nichts anderes, als ungesehen zu bleiben. Er hielt den Atem an, um die Bewegungen des Mannes, der den Gastraum verließ, wahrnehmen zu können. – Irgendwo schrie eine Katze. Stenka hörte, wie jemand die vier Stufen der Steintreppe hinunterkam, stehenblieb, rülpste, fluchte, wenige Schritte machte und unvermutet seinen Weg wieder unterbrach.

»He!« schrie jemand hinter ihm.

Er drehte sich nicht um, weil er dachte, dieses »He!« habe nicht ihm gegolten.

»He!« Stenka wagte nicht zu atmen, er fühlte sein aufgeregtes Herz unter den Rippen. Nur wer den Schlag seines Herzens nicht zu prüfen braucht, ist ungefährdet. Wer unsicher ist, ob sein Zustand nicht der des Lebens sei, wer erst das Klopfen in seinem Inneren hören muß, damit er weiß, daß er lebt, der hat nicht verstanden, wie dieses Leben aufzufassen ist: als ein absichtsloses, sehr selbstverständliches, als ein unmerkliches Gebilde aus Zeit- und Stoffwechsel. Wir dürfen uns nicht selbst lebend fühlen, um eigentlich am Leben zu sein.

Stenka hörte, wie der Mann langsam auf ihn zukam.

»Was stehst Du hier, bist Du angewachsen? Dreh Dich doch mal um!«

Stenka drehte sich um: vor ihm stand der Korporal der Volksmiliz. Seine langen, affenartigen Arme baumelten wie überflüssig am Körper herab. Er lachte, als er in Stenka den Mann erkannte, den er bei Leo getroffen hatte und zeigte seine großen, gelben Zähne. Aus seinem Mund drang starker Alkoholgeruch.

»Traust – hp – Du Dich nicht rein? Es ist niemand drin – Roskow wird Dir schon etwas zu trinken geben, mir – hp – gab er ja auch etwas.«

Der Mond sah den beiden zu.

»Komm, wir wollen zusammen reingehen. Los. – Komm doch! Wir wollen zusammen noch – hp – komm!«

Der Korporal legte seinen Polypenarm auf Stenkas Schulter und zog ihn dicht an sich heran.

»Du hast Angst vor mir, was? – Hp – viele haben Angst vor mir, aber Du, Du brauchst keine Angst vor mir zu haben. Du siehst wirklich so aus wie dieser Lehrer – th-th-th. Aber den werden wir schon fangen – hp – den werden wir fangen wie eine Fliege – Komm! Wir trinken noch zusammen einen – th-th-th!«

Stenka versuchte, dem stinkenden Atem des Korporals auszuweichen, und wandte seinen Kopf zur Seite.

Roskow stand wieder am Fenster. Der Korporal mußte das bemerkt haben, er rief:

»Roskow gib uns was zu trinken, aber schnell, Du. Sonst schlag ich Dir die Tür ein.« Und zu Stenka:

»Komm, wir gehen hinein.«

Stenka ließ seinen Karton auf der kleinen Bank stehen und betrat mit dem Angehörigen der Volksmiliz den Gastraum. Sie traten an die Theke heran. Erna, Roskows gutmütige Frau, spülte Gläser.

»Gib uns einen, Elda,« sagte der Korporal, legte seinen Oberkörper auf die Tonbank, streckte die Hand aus, ergriff eine Schürzenschnur und zog die Frau, die lachend protestierte, zu sich heran.

»Gib uns noch einen, Elda, einen Grünen.«

Er kniff sie in den Nacken und entließ sie, damit sie dem Auftrag nachkomme.

»Willst Du Dich setzen? Wie heißt Du eigentlich?«

»Stenka.«

»Willst Du sitzen, Stinta?«

»Nein nein. Ich möchte lieber stehen.«

»Gut – hp, stehen wir also. Wer steht, hat mehr vom Leben. Sag Heino zu mir, ja!«

»Ja.«

»Na, sag das doch! Ich will mal hören, wie das klingt.« Der Korporal beugte seinen Kopf nach vorn.

»Hei-no.«

»Das war richtig – hp – Heino! Du siehst wirklich so aus wie der Lehrer – aber den fangen wir schon, gedulde Dich noch. Kannst Du Dich gedulden?«

»Zwei Grüne«, sagte Erna und: »Wohl bekomm's!«

»Wohl bekomm's, Stinta.«

»Stenka.«

»Stenka oder Stinta: wohl bekomm's.«

Roskow kam über die Treppe in den Gastraum. Er hielt ein weißes Tuch in der Hand und lächelte.

»Ah,« gröhlte der Korporal, »wer kommt denn da – hp – wer kommt denn da persönlich?! Trink mit uns, Roskow! Elda, gib ihm einen Grünen. Welchen Vornamen – hp – hast Du Roskow? Heißt Du Stinker? Du siehst so aus, als ob Du Stinker hießest. Viele Menschen tragen ihren Vornamen im Gesicht. Der hier … (er legte Stenka den langen Arm auf die Schulter) heißt Stinta.«

»Stenka,« unterbrach ihn der Barfüßige.

»Stinta oder Stenka! Ich mag keine Nachnamen. Sie haben etwas Beleidigendes. Wie heißt Du, Roskow?«

Der Gastwirt preßte das Tuch an sein Kinn.

»Marian,« sagte er leise.

»Maria?« wiederholte der Korporal, »Du bist doch kein Weib – hp – Maria hieß meine Mutter, meine Mutter war ein Weib.«

»M a r i a n«, sagte Roskow etwas lauter.

»Wie? Marian? Noch nie gehört. Kennst Du – hp – diesen Vornamen, Stinta?«

»Ja.«

»So, Du kennst ihn. Was kennst Du noch alles? Hm? Roskow, schau Dir diesen Kerl an. Sieht er nicht genau so aus wie der Lehrer?«

Roskow und Stenka sahen sich in die Augen, ernst, als ob sie mit ihren Blicken rängen. Dann sagte der Gastwirt:

»Wenn ich Korporal wäre, ich würde ihn verhaften. Er sieht genau so aus wie der Lehrer.«

»Hp – Du würdest ihn also verhaften. Soll ich Dich verhaften, Stinta?« Er sah an dem schmalbrüstigen Mann herab und entdeckte, daß dieser barfuß ging.

»Wo hast Du denn – hp – wo hast Du denn Deine Schuhe? Haben die Habichte Deine Schuhe mit Küken verwechselt? Haben Dir die Habichte die Schuhe gestohlen?«

*

Erkki sah zu, wie sich sein Zeigefinger auf einen lautlosen Befehl krümmte, wie der Knöchel gegen die Tür schlug.

Niemand antwortete.

Er wiederholte das Klopfzeichen und wartete. Nach einer Weile hörte er Manjas Stimme.

»Herein!«

»Nanu,« sagte er, als er vor ihr stand und bemerkte, daß sie Männerhosen trug, »ist das die neue Mode? Oder bist Du über Nacht zum Mann geworden?«

Er umarmte und küßte sie.

»Weißt Du,« sagte er, »wenn ich Dich so ansehe, dann muß ich an ein Mädchen denken, an eine Spielgenossin von mir. Wir waren damals etwa zwölf Jahre alt. Ich hatte schon des öfteren bemerkt, daß sie nicht nur jeden kindlichen Spott über die Mädchen erduldete, sondern sich, was mir verdächtig vorkam, sogar daran beteiligte. – Eines Tages, als ich sie zu irgendwelchen Spielen abholen wollte, sollte ich mit meinem Verdacht – vielleicht war es auch nur Argwohn? – recht haben. – Ich ging also zu dem Haus, in dem ihre Eltern wohnten, klopfte an die Tür, wartete nicht erst, bis man mir öffnete, sondern drückte gleich die Klinke herunter.«

»Das kann ich mir von Dir gut denken,« unterbrach ihn Manja.

»Du sollst jetzt zuhören,« fuhr Erkki freundlich-diktatorisch fort. »Es betrifft nämlich auch Dich. Ich wollte sagen, als ich die Klinke herunterdrückte, fand ich, daß das Haus verschlossen war.«

»Das hat aber wenig mit mir zu tun.«

»Warte einmal ab. Ich wußte damals, daß jemand im Hause war, denn die Geräusche im Innern der Hütte sprachen für sich. Wollte das Mädchen etwas vor mir verbergen? Die Geheimnistuerei machte mich neugierig. Ein Blick durch das Fenster, dachte ich, könnte das Rätsel lösen. Das Fenster war aber zu hoch. So rollte ich eine leere Regentonne an den betreffenden Platz, kletterte hinauf und preßte meine Nase gegen die Scheibe. Weißt Du, was ich erblickte?«

»Nein, woher soll ich das wissen? Du hast es mir nie erzählt.«

»Ich erblickte das Mädchen, das zwölfjährige Mädchen.«

»Na, und?«

»Es trug die Hosen seines Vaters und ging im Zimmer auf und ab.«

»Na, und?«

»Sag doch nicht immer! ›Na, und‹! – Als ich sie so einherstelzen sah, mußte ich laut auflachen. Sie bemerkte mich. – Zur Flucht war es zu spät, da sie annehmen mußte, daß ich sie seit längerem beobachtet hatte. Sie öffnete das Fenster und ich fragte: ›Was machst Du denn hier? Du trägst wohl die Hosen Deines Vaters? Du scheinst wohl nicht viel davon zu halten, daß Du ein Mädchen bist?‹

›Nein‹, beteuerte sie lebhaft, ›ich möchte viel lieber ein Junge sein. So wie Du, Erkki. Ich möchte ein Junge sein: so wie Du. Ich bin nicht zufrieden als Mädchen.‹«

Manja lächelte.

»Und was hat das alles mit mir zu tun?«

Erkki umarmte sie und trommelte mit seinen Fingern leise auf ihren Rücken.

»Möchtest Du nicht lieber ein Junge sein, Manja?«

»Nein, absolut nicht. Übrigens – was hülfe es Dir?«

»Ja, richtig. Ich muß froh sein, daß Du ein Mädchen bist.«

Er ließ sich aufs Bett nieder, zündete sich eine Zigarette an und beobachtete das Mädchen, das sein Kleid über einen Bügel hängte und es im Schrank einschloß.

»Sind das Deine Hosen?« fragte er nachlässig.

»Nein.«

»Hast Du sie Dir geborgt?«

»Ja.«

»Ich will nicht wissen, von wem Du sie Dir geborgt hast. Aber Hosen sind zuweilen zweckmäßiger als Kleider. Ich nehme an, Du hast heute abend etwas vor?«

»Ja. Eine Kleinigkeit. – Wie geht es überhaupt Stenka? Ist er noch bei Euch? Oder?«

»Nein, er ist fort. Er ging heute morgen. Er hat sich sehr ungeschickt dabei angestellt. Aati saß gerade bei Leo. Ich glaube, der kleine Schnüffler hat ihn sofort erkannt.«

»Warum hat er ihn dann nicht verhaften lassen?«

»Warum? Du wirst es kaum glauben. Aati hat sehr sonderbare Ansichten. Er sagte zu Leo, daß es eigentlich keine Bewegung gebe, er bewies es ihm sogar. Niemand kann sich von einem Flecken entfernen, behauptete er. Die Straßen gingen durch unser Herz, wir könnten nicht …«

»Wo ist der Lehrer jetzt?« unterbrach ihn Manja.

»Fort.«

»Weißt Du, wo er sich versteckt hält?«

»Nein. Ich hatte nicht einmal Gelegenheit, ihm Lebewohl zu sagen.«

»Es hätte auch sehr ironisch geklungen.«

»Was?«

»Das Lebewohl.«

»Du meinst, weil es für ihn keine Möglichkeit gibt, sich zu entfernen?«

»Ja.«

»Wir wollen abwarten. Vielleicht haben die Straßen ein Einsehen mit ihm.«

Manja zog einen dunkelblauen, gefütterten Mantel an, schlug, ohne Erkki anzusehen, einen Schal um ihren Hals und streifte ein paar Gummischuhe über.

»Wenn mich nicht alles täuscht, willst Du fort,« sagte Erkki und schleuderte den Rest seiner Zigarette durch das halbgeöffnete Fenster.

»Das zu erraten, dürfte nicht allzu schwer sein.«

Erkki erhob sich vom Bett, steckte beide Hände in die Taschen und trat vor das Mädchen hin. Er wartete, bis sie sämtliche Druckknöpfe ihrer Gummischuhe mit knackendem Geräusch geschlossen hatte, und sagte dann:

»Seit wann bist Du launisch und erteilst mir Antworten, als ob ich irgendwer wäre? Seit wann tust Du so geheimnisvoll? Willst Du Dich entführen lassen? Soll ich etwa gehen?! – – Wenn Du Wert darauf legst –«, er ging zur Tür.

»Sei doch bitte vernünftig, Erkki. Komm her.« Sie richtete sich auf und ging ihm entgegen.

»Es wäre besser gewesen, wenn Du heute nicht zu mir gekommen wärst. Ich spreche ganz offen zu Dir, Erkki. Heute Abend – verstehe mich bitte nicht falsch – heute Abend bin ich zum letzten Mal für sie unterwegs. Der Graue bat mich darum. Ich sage: er *bat* mich darum. Ich hätte es ablehnen können. Ich verspreche Dir, Erkki, daß es der letzte Dienst sein soll, den ich ihnen erweise. Wärst Du morgen gekommen, hätte ich bereits alles hinter mir. Du wirst nicht bemerkt haben, daß ich erschrak, als Du ins Zimmer tratst.«

»Wohin willst Du,« fragte Erkki mißtrauisch.

»Zu den Booten.«

»Auf der Lichtung?«

»Ja.«

»Ich gehe mit Dir. Vielleicht kann ich Dir helfen. Ist sonst noch jemand da?«

»Der Graue wollte kommen.«

»Und worum geht es?« Erkki ließ ihre Hand los.

»Ich darf es nicht sagen.«

»Auch mir nicht?«

»Auch Dir nicht.«

»Wer will mich daran hindern, Dich zu begleiten?«

»Das wirst Du nicht tun, Erkki, ich bitte Dich darum!«

»Nun gut. Du sollst zur Insel hinüber, nicht wahr? Zu den Mönchen?«

»Frag nicht!«

»Mußt Du gleich fort?«

»Ja. Du darfst mir nicht böse sein, Erkki. Versteh mich doch.«

»Oh ich verstehe Dich sehr gut. Ich verstehe Dich samt und

sonders. Als Stenka erfuhr, daß ich Dir sein Geheimnis an-
vertraute – «

»Hast Du es ihm erzählt?«

»Natürlich. Als ich dem armen Kerl erzählte, daß wir beide
über ihn gesprochen hätten, wurde er bleich wie eine Kalk-
wand. Er erkundigte sich sofort nach Dir, er fragte mich aus
nach allen Regeln der Kunst.«

»Über mich?«

»Ja. Über Dich. Schließlich hat man ein gewisses Recht, zu
erfahren, mit wem man seine Geheimnisse teilen muß.«

Manja atmete heftig.

»Ich weiß, was Du damit sagen willst, Erkki.«

»Dann ist es gut. Komm! Du mußt Dich beeilen. Man erwartet Dich wohl schon.«

Das Mädchen verschloß die Tür. Sie traten hinaus auf die
nachteinsame Straße. Kein Wort fiel zwischen ihnen. Das
Echo ihrer Schritte verfolgte sie unerbittlich. In den Pfützen
schwamm der Mond und sprang ihnen lachend voran.

»Welchen Weg willst Du nehmen?« fragte Erkki, als sie
den Marktplatz überquert hatten. »Wenn Du dem Bach folgst,
sparst Du zehn Minuten.«

»Ich werde dem Bach folgen,« sagte sie tonlos. Sie fand nicht
die Kraft, seine Begleitung abzulehnen. Sie dachte: ›Meinetwegen soll er mit mir gehen … es ist mir gleichgültig … wahrscheinlich aber wird er mich nur bis zu Roskows Gasthaus
begleiten … wahrscheinlich … eigentlich kenne ich ihn doch
kaum … er tut gerade, als ob wir schon verheiratet wären …
ich mag ihn aber … ich mag ihn wirklich … ich habe ihn sehr
lieb …‹

»Bei Roskow brennen noch die Lampen,« sagte er leise.

»Ja,« sagte sie.

»Ich werde Dich bis zur Brücke begleiten, und dann zurück-
gehen.«

Sie empfand eine tiefe Zufriedenheit bei diesen Worten. Vorsichtig ergriff sie seine Hand. Er ließ sie gewähren.

»Wenn ich wüßte,« sagte er langsam, »wenn ich wüßte, wann
Du zurückkommst, würde ich Dich an der kleinen Holzbrücke
erwarten. Aber es kann wohl länger dauern?«

»Ich weiß nicht, ob es lange dauern wird. – Bist Du traurig,
Erkki?«

»Ich? Nein. Wir sehen uns doch morgen Abend?«

»Ja, Erkki. Wann kommst Du? Um Sieben?«

»Um Sieben.«

Dann gingen sie wortlos die Straße hinunter, jeder dachte
an den anderen.

›Es soll das letzte Mal sein, ganz gewiß … ich habe ihn lieb …
sehr lieb …‹

›Sie soll nur immer hingehen … sie kommt mir morgen
zurück … ich habe sie sehr lieb …‹

Auf der Holzbrücke blieben sie stehen. Das Mädchen sah
ihm lange und nah in die Augen, küßte ihn, drehte sich um,
winkte mit lockerer Hand und lief fort.

Erkki stützte seinen Oberkörper auf das Geländer und
blickte ihr nach. Ihre Gestalt wurde kleiner und kleiner, die
Dunkelheit nahm sie auf. Einmal glaubte er, sie habe ihm
etwas zugerufen. Es klang nach: Wiedersehen – oder – sei
mir gut – – oder denk an mich! Und da er nicht genau wußte,
ob es Wirklichkeit oder Täuschung war, nahm er an, daß sie
gerufen hatte.

Erkki wandte sich langsam um und ging mit müden Schritten zurück. Aus Roskows Gasthaus drang Gelächter. Er wollte
vorübergehen, aber das Licht zog ihn an, und er trat an ein

Fenster heran, dicht vor die kleine, morsche Bank. Da erkannte er die Stimme des Korporals, der gerade sagte: »Haben Dir die Habichte die Schuhe gestohlen. Sag' die Wahrheit – hp – sonst werde ich Dich verhaften. Mit der Wahrheit – th-th-th – soll man keinen Unfug treiben. Die Wahrheit soll man achten wie seine Mutter. Meine Mutter hieß Maria – hp – aber wo hast Du Deine Schuhe?«

In der Hoffnung, das Gespräch noch deutlicher mitanhören zu können, wollte Erkki sich an der Bank vorbeischieben. Da berührte seine Hand den aufgeweichten Pappkarton, den Stenka stehengelassen hatte. Blitzschnell dachte er: ›Hier also steckt er … es scheint schlimm um ihn zu stehen … er ist auch zu unvorsichtig … ich muß zu ihm … wir wollen sehen …‹

Erkki betrat den Gastraum und ließ die Tür laut ins Schloß fallen. Drei Männer sahen ihn an, sechs Augen. Roskow gefror das Lachen im Gesicht, Stenka bewegte kaum bemerkbar die Schultern. Die Feindseligkeit verschwand aus den Blicken des Korporals. Er war der erste, der den Mund auftat, der Erkki willkommen hieß. Er gröhlte:

»Komm her – hp – Deinen Vornamen brauchst Du nicht zu nennen, Dich kenne ich schon, Dich kenne ich ganz gut. Zumindest kenne ich Dich besser als diesen hier« – er zeigte auf Stenka. »Du bist doch der Esti?«

»Erkki!«

»Erkki oder Esti! Elda, gib ihm einen Grünen. Wohl bekomm's, Esti!«

»Wohl bekomm's.«

Roskow zog das weiche Tuch aus der Tasche und betupfte seine Flechte. Ihm war nicht sonderlich wohl, seitdem Erkki im Gastraum stand. Er versuchte, den Raum über die Treppe zu verlassen, doch der Korporal rief ihn zurück.

»Hiergeblieben Roskow, oder: ich schlage Dir – hp – die Tür ein.«

Roskow blieb.

Der Korporal legte seinen affenartigen Arm um Erkkis Genick und zog ihn zu sich heran.

»Sieh Dir diesen« – er blickte auf Stenka – »einmal genau an. Könnte man ihn nicht mit dem Lehrer verwechseln? Roskow, der ja immer sehr vorsichtig ist – hp – Roskow gab mir den Rat, ihn zu verhaften. Was meinst Du dazu, Esti? Soll ich ihn verhaften? Es ist mein Recht, jeden zu verhaften, der mir verdächtig vorkommt. Der da kommt mir verdächtig vor. Was meinst Du, Esti?«

»Ich würde ihn auch verhaften!«

»Gut. Hast Du gehört, Stinta? Du bist verhaftet, weil Du mir verdächtig vorkommst. Th-th-th: meine Mutter, die Maria, kam mir eines Tages auch verdächtig vor. – Wenig später – hp – hatte ich einen um zwanzig Jahre jüngeren Bruder. Elda! Gib Stinta noch einen Grünen.«

Stenka und Erkki tauschten einen Blick, sie schienen sich ohne Worte zu verstehen. Erkki entwickelte einen Plan mit den Augen.

Der Korporal trank sein Glas leer und zwinkerte Stenka zu.

»Was willst Du eigentlich hier in Pekö? Willst Du unseren Frühling erleben? Oder haben Dich Geschäfte hergeführt – hp? Wolltest Du etwa eine Schuhfabrik aufmachen?«

»Nein,« sagte Stenka und schmunzelte gequält. »Ich wollte zu Matowski.«

Roskow zuckte zusammen.

»Zu wem?« fragte der Korporal und strich sich mit dem Handrücken über die Augenbrauen, die oberhalb der Nasenwurzel zusammengewachsen waren.

»Zu Matowski vom Blumenladen,« wiederholte Stenka.

»Aber der ist doch tot. Der wurde erschossen.«

»Ich weiß es.«

Der Korporal gähnte.

»Um Matowski war es nicht schade. Übrigens war er mir von Anfang an verdächtig – hp – so wie Du Stinta. Matowski besaß einen Blumenladen, aber er konnte kaum eine Stiefmutter von einer Birke unterscheiden – ein Stief-mütterchen, meine ich natürlich. Woher kam der Mann eigentlich, Roskow?«

»Er war Holzschiffer, im Norden.«

»So. Hp – dann wird er sicherlich etwas ausgefressen haben da oben im Norden. Elda, bring uns noch einen Grünen. Es soll der letzte sein für heute.«

Roskows sanftmütige, naive Frau füllte abermals die Gläser und wünschte den durstigen Herren ein nicht übermäßig lautes »Wohl bekomm's!«

»Ich bezahle für meine Freunde,« sagte der Korporal, nachdem er getrunken hatte. »Ich bezahle den ganzen Schwindel, – hp – mit Geld, versteht sich. Roskow glaubt wohl, ich werde mit meiner Haut bezahlen, wie? Das ist ein Irrtum. Ein totalitärer Irrtum! Was macht das alles zusammen?«

Erna nannte eine Summe.

»Hier,« der Korporal legte mehrere kleine Geldscheine auf den Tisch. »Ziehe davon alles ab, Elda, und gib mir den Rest – hp – zurück.«

»Es stimmt so,« sagte Roskows Frau nach umständlicher Rechnung.

»Gut. Auch gut. Wir wollen gehen, meine Freunde. Du Stinta, bleibst bei mir, Du bist vollkommen verhaftet, mit Haut und Haaren bist Du von mir verhaftet. Damit Du keine Späße unterwegs machst, werde ich Dir dieses kleine Loch auf den Rücken setzen. Ich werde Dich – hp – nicht kitzeln.«

Der Korporal öffnete die linke Revolvertasche.

»So. Los gehts.«

Roskow und seine Frau sahen schweigend zu, wie die drei Männer den Gastraum verließen. Der Korporal schwankte arg, der Geist des Alkohols hatte ihn bis unter die Fußnägel ergriffen. Erkki mußte ihn stützen, als er Anstalten machte, die Stufen der Steintreppe in einem Schritt zu nehmen.

»Esti!« gröhlte der Korporal, als sie draußen standen, »Esti sag mir jetzt genau, was Du denkst: soll ich den Stinta verhaften?«

»Wir wollen ihn gemeinsam verhaften.«

»Das ist eine gute Idee! – hp – Wir verhaften ihn gemeinsam.«

Der Korporal ließ den barfüßigen Mann vorangehen.

»Wenn Du weglaufen willst, garantiere ich – hp – nicht mehr für Dich, wenn Du weglaufen willst, schieße ich Dir ein – hp – Loch in den Rücken und dann bist Du durchsichtig – th-th-th – wie eine Glasplatte.«

Die drei Männer gingen schweigend weiter. Stenka hoffte nicht mehr auf Erkkis Plan, er gab sich verloren. Er dachte: ›Dieser Betrunkene wird mich ins Büro mitnehmen … er wird mich einsperren lassen … morgen ist er nüchtern … und dann werden sie Verhöre mit mir anstellen … es hat keinen Zweck mehr, zu lügen … ich werde ihnen sagen, wer ich bin …‹

Die Telefondrähte zirpten schräg über ihnen. Sie schlugen gegeneinander, als ob sie sich nicht leiden mochten, sie versetzten einander kurze, metallische Schläge, zirpten hell auf und zitterten lange nach. Die Telefondrähte schräg über den Männern benahmen sich wie hysterische, dünne Tiere.

Stenka war mit seiner eigentümlichen Begleitung noch nicht weit gekommen, als Erkki plötzlich stehen blieb, den Korporal am Ärmel festhielt und sagte:

»Mir fällt etwas auf.«

»Hp,« machte der Korporal, »und was?«

»Mir fällt auf,« wiederholte Erkki, »daß der Mann, den wir gemeinsam verhaftet haben, kein Gepäck bei sich trägt.«

»Ach,« brummte der Korporal unwillig, »meine Mutter hieß Maria. Meine Mutter reiste ohne Gepäck .. hp ..«

»Deine Mutter,« sagte Erkki, »war nicht so verdächtig wie der hier. Deine Mutter hatte nichts zu verbergen.«

»So. Meinst Du?«

»Das meine ich. Wir sollten sein Gepäck beschlagnahmen! Wer weiß, was wir …«

Der Korporal unterbrach ihn, zeigte lachend seine starken, gelben Zähne und schlug ihm auf die Schulter.

»Esti – hp – Du bist ein vollkommener Klugscheißer. Wir verhaften den Stinta und sein Gepäck. Stinta! Komm her mein Freund! Willst Du noch einen Grünen haben? Sollen wir umkehren? Elda gibt uns noch einen. Hp – Wo hast – Du – denn – Dein – Gepäck?«

Erkki machte Stenka hinter dem Rücken des Korporals ein Zeichen.

»Ich habe nur einen Pappkarton. Der steht auf der Bank vor Roskows Gasthaus.«

»Umkehren!« schrie der Korporal heiser, »umkehren, meine Freunde! Wir verhaften jetzt Stintas Pappkarton.«

Die drei Männer gingen den Weg zurück. Bei jedem Schritt fühlte Stenka das Gewicht des Trommelrevolvers auf seinem Oberschenkel. Erkki hakte den Korporal unter und bewahrte ihn davor, gegen einen Baum zu laufen. Plötzlich riß sich der Korporal los und schlug mehrmals mit der flachen Hand gegen seinen Hals. Dann jaulte er:

»th-th-th – Als ich zu Roskow ging, regnete es, und von Mükken war nichts zu sehen, aber jetzt, jetzt kommen sie. Kaum ist man ein bißchen besoffen, schon kommen diese Biester. So, – die ist vollkommen erledigt – hp – mit Haut und Haaren liquidiert. Stinta! Haben die Mücken Haare?«

»Ich – glaube schon.«

»Hör Dir das an, Esti! Der Mann weiß selbst, daß – hp – der Mann wird mir immer verdächtiger.«

Sie gelangten bald zu der kleinen, morschen Bank, auf der Stenka seinen Karton hatte stehen lassen. Erkki stellte mit Zufriedenheit fest, daß die Lampen in Roskows Gasthaus gelöscht und sämtliche Fenster geschlossen waren. Der Gastwirt mußte sich bereits zu Bett begeben haben.

»Wo ist Dein Gepäck?« fragte der Korporal.

»Hier,« sagte Stenka, und ergriff den aufgeweichten Karton.

»Wie ein – hp – Weltreisender, nicht wahr, Esti?«

»Genau so.«

»Du wirst Dein Gepäck aber selber tragen,« sagte der Korporal zu Stenka. »Wir haben keine Zeit zu verlieren – hp – oder: kannst Du die Zeit in Deinen Karton einsperren! – Komm!«

Der Korporal, den Revolver in der Hand, trat zwei Schritte vor, so, daß er den beiden Männern für einen Augenblick den Rücken zukehrte. Da erhielt er einen ungewöhnlich harten Schlag in die rechte Kniekehle, ein dumpfer, kantiger Gegenstand traf ihn am Hinterkopf, gleichzeitig fast, und er stürzte, der Länge nach, vornüber. Auf ein hastiges Zeichen von Erkki begann Stenka, zur Brücke zu laufen. Erkki, der dem Korporal die Schläge versetzt hatte, schrie leise auf, als ob er ebenfalls getroffen wäre, ließ sich zu Boden fallen und blieb wie betäubt liegen.

»Esti!« schrie da auch schon der Korporal neben ihm. »Esti! Ist Dir was passiert? Hat er Dich totgeschlagen? Er hat uns getäuscht – hp – der Stinta hat uns, – der Hund!«

Er lief bis zur Straße, entsicherte seinen Revolver und gab mehrere Schüsse ab. Dann sprang er, anscheinend vor der Zeit ernüchtert, zu Erkki zurück und beugte sich über ihn.

»Er ist uns entwischt, Erkki, aber wir fangen ihn noch, nur Geduld, den fangen wir noch. Wo hat er Dich getroffen? Am Kopf, ja?«

Aus einem Fenster fiel Licht. Roskow beugte sich weit hinaus und rief:

»Gibt es etwas?«

»Verschwinde nur,« brummte der Korporal, »sonst gebe ich Dir etwas.«

Roskow zog seinen Kopf blitzschnell zurück.

∗

Keuchend lief Stenka am aufgeweichten Ufer des Baches entlang. Er hörte die Revolverschüsse und wußte, daß sie ihm galten. Der Boden quatschte unter seinen bloßen Füßen, er strauchelte, raffte sich wieder auf, strauchelte von neuem, wobei ihm der Karton, das lästige Hindernis auf seiner Flucht, in den Bach fiel. Er machte keinen Versuch, ihn wiederzugewinnen. Wenn er sich damit aufhielte, dachte er, würde der Korporal heran sein.

›Nur fort von hier … in den Kiefernwald … da bin ich sicher … vorläufig zumindest … ich will mich ausruhen … und dann weitergehen … wohin aber? … weiter vorerst …‹

Stenka lief mit unverminderter Schnelligkeit weiter. Der Mond blieb vor ihm und schüttelte seinen gelben Schädel. Und der Bach, dieses kleine energische Raubtier, gurgelte und gluckste.

Zwischen den ersten Kiefernstämmen blieb Stenka stehen.

Er fühlte heftige Stiche in der schmalen Brust, sein Atem ging hastig. Für einen Augenblick hielt er die Luft an und horchte in die Richtung, aus der er gekommen war. Es war kein Laut zu vernehmen, die Verfolger mußten noch weit sein. Die Nacht kühlte seine Schläfen, aber nicht genug. Eine Raubmöwe schrie ganz in der Nähe. Vor Hunger?

›Das war der Schrei einer Möwe,‹ dachte Stenka, ›in der Nähe wird ein See sein …‹

Langsam ging er weiter in den Kiefernwald hinein. Bei jedem Schritt drückte der Revolver auf seinen Oberschenkel, auf einen dünnen, verkrampften Oberschenkel. Der Boden war kalt und feucht, und das war gut. Wenn er trocken gewesen wäre, hätten die Nadeln seinen Fußsohlen manches antun können.

›Ich werde mir eine Lungenentzündung zuziehen … ich muß mir ein paar Schuhe besorgen … Erkki … er hat mir geholfen zu entfliehen … er kann nichts mehr für mich tun … er hat schon soviel für mich getan … sonderbar, daß er mir damals nicht aufgefallen ist … damals, als ich in seiner Klasse Unterricht gab … ich kann mich überhaupt nicht an ihn erinnern …‹

Plötzlich blieb Stenka stehen und lauschte. Ein kurzes, dumpfes Geräusch war an sein Ohr gedrungen, ein Geräusch, das so klang, als wenn jemand ein Eisenstück auf einen hölzernen Fußboden fallen läßt.

›Der Korporal!? Ist er hinter mir?‹

Nein, es stand niemand hinter ihm, kein Mensch wenigstens. Das Geräusch wiederholte sich nicht, es blieb alles still. Nur der Wind strich leise stöhnend durch die hohen, einsamen Wipfel der Kiefern.

Der Mann tat zwei zögernde Schritte, drückte einen der Büsche zur Seite, die sich in der unmittelbaren Nähe des Sees scheinbar zahlreicher angesiedelt hatten, ging noch einige Meter voran und verharrte wiederum.

Vor ihm standen keine Kiefernstämme mehr. Er erkannte eine sandige Lichtung, auf der einige Boote lagen, mit dem Kiel nach oben. Zwischen den Booten aber bewegte sich eine schlanke Gestalt, ein Mädchen offenbar. Stenka wagte nicht, sich bemerkbar zu machen. Sie könnte, erschrocken durch den Anruf, davoneilen, und daran war ihm keineswegs gelegen.

SIEBENTES KAPITEL

Überraschungen

Erkki erwachte gegen 5 Uhr aus einem traumlosen Schlaf. Er mochte nicht darauf warten, daß Leo ihn herunterrief. Er stand auf, legte die braunen Decken auf das Kistenbett, zog den Spiegelscherben von dem riesigen Nagel und sah lange in sein eigenes Gesicht. –

Sein Blick glitt über die Stelle, wo Stenkas Karton gestanden hatte. ›Wo er jetzt sein mag … hoffentlich fangen sie ihn nicht … er ist so unvorsichtig … der Korporal wird es ihm nicht leicht machen … der Korporal ist ehrgeizig geworden .. eigentlich sollte ich mich nicht darum kümmern .. es ist jetzt Stenkas Sache und Sache des Korporals …‹

Ein starker Wind rüttelte an den Fenstern; draußen war es kalt. Erkki sah hinaus in den Garten: er mutete fast herbstlich an. In großen Kreisen schwebte ein Habicht über Leos leicht erworbenem Besitz. –

Der Junge schickte seine Gedanken fort. Er tat es gern. Er befahl sie in Roskows Gasthaus, zur Holzbrücke, in den Kiefernwald und zur Lichtung. Es machte ihm Freude, seine Gedanken über das Wasser zu schicken, zur Insel, auf der die seltsamen Christusknechte lebten und auf der er das Mädchen, sein Mädchen, herumgehen sah. Ein leises Weinen hinter der Seitenwand lenkte ihn ab. Die Witwe war wach. Er öffnete ein schmales, gelbes Pappetui und ließ, indem er die Öffnung nach unten hielt, ein Rasiermesser hinausgleiten, das er mit der Hand auffing. Zwei Fingernägel stellten sich in die Kerbe der Klinge und richteten sie auf. Erkki sah abermals in den Spiegelscherben, strich mit dem Handrücken über Kinn und Wangen und stellte fest, daß eine Rasur noch nicht an der Zeit sei. Er verwahrte das Messer wieder, zog sich an und verließ seinen Raum. Als er die erste Stufe nehmen wollte, wurde er angerufen. Langsam wandte er seinen Kopf zurück, hinter ihm stand, angetan nur mit einem ärmellosen Kattunkittel, die nackten weißen Füße in den ausgetretenen Latschen, die Witwe. Sie lächelte schief, ihre Augen waren vom Weinen gerötet.

»Was wollen Sie?«, fragte Erkki leise.

Die Frau kam dicht an ihn heran.

»Erkki,« sagte sie mit einem Ton müder Verzweiflung; das Gurren war aus ihrer Stimme verschwunden.

»Ich will Dich nur etwas fragen. – Möchtest Du nicht zu mir hereinkommen? Auf eine Minute?«

Der Junge sah sie unentschlossen an. Etwas mußte mit der Frau geschehen sein, so hatte er sie noch nie erlebt.

»Sind Sie krank?«, fragte Erkki leise.

»Ich fühle mich nicht besonders gut,« sagte die Witwe.

Unten regte sich nichts, Leo schien noch zu schlafen. Durch ein kurzes Nicken des Kopfes gab Erkki der Frau zu verstehen, daß er bereit sei, in ihr Zimmer zu kommen. Sie ging voran, ließ ihn zuerst eintreten und schloß hinter ihm die Tür, – mit seltsamem Behagen, als ob sie ein Vögelchen in den Käfig gelockt hätte.

»Was wollen Sie?«, fragte Erkki.

»Setz Dich doch,« sagte sie, »nicht hier, auf diesen Stuhl, er ist bequemer.«

Erkki sah sie mit kühler Neugierde und Verachtung an. Er

haßte die Frau, auch jetzt noch. Allein ihr verändertes Wesen hatte ihn bewogen, diesen Raum zu betreten.

»Möchtest Du etwas essen?«

»Nein.«

»Etwas trinken?«

»Nein.«

»Ein Schlückchen heißen Tee? Das tut so gut.«

»Nein. Besten Dank. Ich esse unten.«

Sie hob, wie in ehrlichem Bedauern, die Schultern und setzte sich auf das Bett. Der Kattunkittel straffte sich über ihren Schenkeln. Erkki bemerkte das. Er sah auch, daß ein gewisser Knopf den Stoff dort rücksichtslos zusammenzog, wo ihr Herz wohlgepolstert seiner Arbeit nachging.

»Ich habe Dich zu mir gebeten, Erkki, weil ich Dir etwas Wichtiges sagen muß.«

»Ich warte darauf.«

»Du bist ungeduldig.«

»Leo wird mich gleich hinunterrufen.«

»Ach, Leo!«

»Wenn er wüßte, daß ich hier bin …«

»Was dann?«

»Sie wollten – mir etwas Wichtiges sagen?«

»Ja, natürlich.« Sie bewegte die Fußspitzen in den ausgetretenen Filzlatschen und strich sich über die linke Schläfe. Erkki dachte: ›Wie alt kann sie sein? … Sie muß einst schönes Haar gehabt haben … wartet sie eigentlich noch auf Leo … so alt ist sie auch wiederum nicht … ich schätze sie auf … die verweinten Augen täuschen natürlich …‹

Die Witwe hob den Kopf und sagte:

»Ich weiß, wer der Mann war, der mit Dir in einem Raum geschlafen hat. Ihr habt Euch zu laut unterhalten! Ich konnte jedes Wort hören!«

»Er ist fort,« sagte Erkki und erhob sich.

»Das weiß ich. – Er ging durch den Garten und kletterte hinten über den Zaun.«

»Haben Sie es gesehen?«

»Ja.«

»War das alles, was Sie mir sagen wollten?«

»Nein.« Sie verschränkte die weichen Arme vor der Brust, und blickte, eine spärlich bekleidete Inquisitorin, mit weiblichem Ernst und fraulicher Strenge auf Erkki.

Die Witwe sagte:

»Auf seinen Kopf ist eine Prämie ausgesetzt. Ich brauche das Geld. Ich will fort von hier.«

»Sie wollen ihn melden?«

»Ich möchte es. Ich hätte es getan, wenn …«

»Sagen Sie es doch! Sie wollten auf mich Rücksicht nehmen, nicht? Sie haben ihn nicht angezeigt, weil ich wußte, wer er war.«

Erkki sah sie haßerfüllt an und wollte zur Tür. Sie stellte sich ihm in den Weg.

»Du hast ihn unterstützt!«

»Ja.«

»Du hast ihm Geld gegeben und einen Revolver.«

»Ja. Und ich würde es heute wieder tun, und morgen, und an jedem anderen Tag auch! Lassen Sie mich jetzt gehen!«

Die Witwe gab den Weg nicht frei. Erkki stand dicht vor ihr, er konnte die Haut der Frau riechen. Ihre Brust hob und senkte sich schnell.

»Warum haßt Du mich eigentlich, Erkki?«

»Das wissen Sie selbst.«

»Mancher würde glücklich sein bei mir …«

»Lassen Sie mich gehen!«

»Du solltest nicht so unüberlegt handeln! Wenn ich es melde …«

»Tun Sie es doch! Ich habe keine Angst davor. Gehen Sie doch gleich hin.«

»Sei doch vernünftig, Erkki. Setz Dich dorthin. – Wir können doch alles in Ruhe besprechen. – Ich will fort von hier.«

»Gehen Sie doch fort!«

Die Frau wollte ihm besänftigend ihren Arm auf die Schulter legen. Mitten in der Bewegung hielt sie inne. Von unten, vom Flur herauf, dröhnte Leos satte Gewitterstimme:

»E-r-k-i!«

»Lassen Sie mich gehen,« zischte der Gerufene, schob die Frau mit kräftiger Hand zur Seite, riß die Tür auf und stürzte die Treppe hinunter.

Leo erwartete ihn nicht, Gott sei Dank! Der Riese war in den Laden gegangen.

»Guten Morgen,« sagte Erkki halblaut, als er vor dem mächtigen Mann stand.

»Moin«, grunzte Leo. Sein linker Schuh stand auf einem Blumenstengel. Das Hemd, das er trug, hatte keinen Kragen. »Du wirst in den Garten gehen, und Erde karren, Erkki. Außerdem mußt Du noch Blumendraht besorgen. Hast Du mich verstanden?«

»Ja.«

»Gut! Lassen wir das.« Plötzlich drehte Leo dem Jungen das Gesicht zu, sah ihn reglos aus seinen kleinen, geröteten Augen an und sagte:

»Wußtest Du, wer er war? Du hast mit ihm in einem Raum geschlafen.«

»Ja, ich wußte es.«

»Du hast mich nicht verstanden, Erkki. Wußtest Du, daß dieser Stenka der Lehrer ist, der überall gesucht wird?«

»Ja.«

»So,« sagte der Riese gedehnt, »Du wußtest es also auch. Ich dachte, ich sei der einzige gewesen. Als der Korporal kam, stand es für mich fest, wem ich da Arbeit gegeben hatte. Der arme Kerl tat mir leid. Glaubst Du, daß er gefährlich ist?«

»Nein.«

»Lehrer sind gefährlich. Wir müssen ihnen ständig auf die Finger sehen. Aber der Stenka, der sah sehr harmlos aus. Woher kennst Du ihn?«

»Aus Kalaa.«

»Gut. Lassen wir das. Weißt Du, wo er sich in diesem Augenblick aufhält?«

»Nein.«

»Geh jetzt in den Garten.«

Erkki verließ den Blumenladen und betrat eine kleine, aufgeräumte Kammer, in der nur zwei Stühle, ein feststehender, mit einem Wachstuch überzogener Tisch und ein uralter Küchenschrank standen. Auf dem Tisch lag sein Frühstück: zwei ovale dicke Brotscheiben und ein Stück Rauchfleisch. Er legte das Fleisch auf eine der Brotscheiben, preßte die andere drauf, biß hinein und verließ kauend die Kammer. Die Hand, die nicht das Brot hielt, öffnete die grüngestrichene Tür, die in den Garten hinausführte. Der Wind schleuderte die Tür gegen die Wand, daß die Scharniere krachten. Der Habicht, den er vom Fenster aus gesehen hatte, war noch da; er ließ sich – die Schwingen kaum bewegend – hin und her werfen.

Mit großer Anstrengung schloß Erkki wieder die Tür und ging zu dem gebückten Schuppen hinüber, in dem die Geräte aufbewahrt wurden. Er dachte an Stenka: ›Wo mag er sein … wie wird es ihm gehen … gestern war er noch hier … gestern …‹

»Oh,« sagte da jemand hinter ihm. »Schon aufgestanden? Die Arbeit beginnt früh. Wenn der Tag länger wäre …«

Erkki wandte blitzschnell den Kopf zur Seite. Hinter dem Schuppen trat ein kleiner Mann hervor, überlegen lächelnd, eine Hand in der Tasche. Mit leichten Schritten kam er näher, ohne sich gegen den Wind vorbeugen zu müssen, er ging, als ob ihm das ungeduldige Element nichts anhaben könnte, als ob kein Hauch in der Luft wäre.

»Ich habe die Blumen ein wenig studiert,« sagte der Kleine. »Ich wollte herausfinden, wie sie sich die Zeit vertreiben, wenn es regnet. Die bunten Dingerchen geben viel auf Langeweile, scheint mir.« Er lächelte dünn.

Erkki konnte kein Wort hervorbringen, vor Betroffenheit, vor Verwunderung, vor Mißtrauen. Ihm gegenüber stand Aati, den er noch, da er tags zuvor im Laden auf dem kleinen Hokker gesessen, in guter Erinnerung hatte. Aati starrte auf seine Schuhe, dann sagte er mit zierlich-unverschämtem Lächeln:

»Es gibt im Südwesten ein Land, in dem viel gearbeitet wird. Dort ist ein Sprichwort weit verbreitet, das bei uns eigentlich Schule machen sollte. Es heißt: Morgenstunde hat Gold im Munde. Verstehst Du das?«

Erkki schüttelte den Kopf; er wagte nicht zu sprechen.

»Dieses Sprichwort,« sagte der Kleine, »ist unlogisch wie fast alle Sprichwörter, aber gar nicht so absurd. Morgenstunde – … brrr – mich fröstelt ein wenig. Diese Morgenstunde hat uns beide im Munde. Nicht? Kann man das sagen? Hoffentlich klappt sie nicht die Kiefer zusammen. – Ist Leo schon aufgestanden?«

»Ja.«

»Wo hält er sich auf?«

»Im Laden, glaube ich.«

»Gut. Wir werden ihm einen Besuch machen. Er wird sich freuen, wie ich ihn kenne. Es gibt nämlich einige Neuigkeiten! Begleitest Du mich?«

»Ich muß …«

»Aber doch nicht jetzt – «

»Ja, ich komme mit.«

Erkki ging voran, öffnete gegen den erbarmungslosen Widerstand des Windes die grüngestrichene Tür, sah sich nach Aati um, wartete, bis der Kleine das Haus betreten hatte, und ließ die Tür einfach wieder ins Schloß fallen.

Aati stand auf dem Gang und sah ihn an. Leise sagte er: »Ich will ihn überraschen.«

»Wen?« fragte Erkki ebenso leise zurück.

»Leo – wen sonst.«

Der Kleine streckte seine wächserne, unbehaarte Hand nach dem Drücker aus, klinkte ihn herunter und zog mit offenbar geübter Vorsicht die Ladentüre auf. Dann ging er in die Kniebeuge – von Erkki aufmerksam beobachtet – und schob seinen Kopf, wenige Handbreit vom Fußboden entfernt, um den Türpfosten.

Erkki dachte: ›Man kann ihn für ein Kind oder für einen Schwachsinnigen halten … das ist ein merkwürdiger Mensch … so klug und so albern .. oder sollte es Boshaftigkeit sein?‹ Plötzlich zuckte er zusammen. Aati richtete sich auf, stieß – den Türdrücker ständig auf und nieder bewegend – das aufgeregte Gackern einer Henne aus, wandte sein Gesicht, immer noch gackernd, dem Jungen zu und wollte ihm eben bedeuten, mit ihm zusammen in den Laden zu treten, als etwas Unvorhergesehenes geschah. Aus der kleinen Kammer, in der Erkki seine Mahlzeiten zu empfangen gewohnt war, stürzte Leo, der Riese. (Er war also nicht mehr im Laden gewesen.)

Seine Kauwerkzeuge arbeiteten. In der Hand hielt er ein großes Stück Rauchfleisch. Zuerst erblickte er Erkki und schrie:

»Welch ein Mistvieh gackert hier so? Man bekommt ja Ohrensausen! Wer will hier Eier legen?«

»Morgenstunde hat Gold im Munde,« sagte da der Kleine und trat grinsend zwei Schritte vor. – Leos gewaltige Kauwerkzeuge standen mit einem Schlage still, seine Augen sprangen groß auf, die dicken, kräftigen Finger preßten das Rauchfleisch zusammen. Diesen Besuch hatte er nicht erwartet. Die Überraschung war gelungen.

»Guten Morgen«, sagte der Kleine und »Gesegneten Appetit.«

Leo starrte ihn ungläubig an. Seine Kauwerkzeuge begannen zögernd wieder zu mahlen. Erkki blickte auf den Hals des Riesen und sah, wie der Bissen, der eine geringe Schwellung der Haut verursachte, auf der glatten Rutschbahn der Speiseröhre hinabfuhr.

»Das ist aber eine Überraschung,« sagte Leo, als die Mundhöhle leer war.

»Gibt es wirklich Überraschungen?« fragte der Kleine. »Kann der Mensch, wenn er in jeder Sekunde mit größter Aufmerksamkeit lebt, wenn er den Zufall leugnet und das Entfernteste für das Nächste hält, kann der Mensch dann noch überrascht werden?«

»Wollen wir nicht in den Laden gehen?« sagte Leo und drückte Erkki das Fleisch in die Hand, damit er es in die Kammer brächte.

»Mit Vergnügen,« sagte Aati und schmunzelte.

Leo ließ ihn vorangehen und rollte hinter seinem Rücken schnell die Hemdsärmel herunter.

»Wohin? …«

»Ich setze mich auf diesen Hocker.«

»Der Stuhl ist bequemer, er ist gepolstert,« wandte Leo ein.

»Wer auf Polstern sitzt, glaubt nicht so leicht an Überraschungen. Ich ziehe den Hocker vor. Ich liebe keine Überraschungen. Irgendwer will die Erfahrung gemacht haben, daß die Aufmerksamkeit des Menschen, wenn er im Sessel sitzt, alle vier Sekunden, auf dem Hocker aber alle zwei-ein-halb Sekunden schwankt.«

›Wie meint er das: schwankt?‹ Der Riese kratzte sich in der Achselhöhle.

»Die Aufmerksamkeit läßt nach –«

»Ach so, wenn ein Mensch schnarcht, schläft er.«

Der Kleine lachte hell auf.

»Das ist ja fast logisch. Diese Logik wirkt sogar etwas unheimlich. Sie überrascht mich. Weißt Du, was eine Überraschung ist?«

Der Riese sah sich bereits auf dem Glatteis der Gedanken hilflos herumschliddern. Mühsam versuchte er zu lächeln, aber dieses Lächeln war wie ein Selbstgeständnis der Stupidität. Er verspürte irgendwo – im Kopf oder in den Armen – die Regung, den kleinen Überschlauen an die frische Luft zu setzen. Dieser Regung nachzukommen, war völlig absurd, das wußte er wohl, aber sie war vorhanden, sie ließ sich nicht leugnen.

»Weißt Du, was eine Überraschung ist,« wiederholte Aati.

Erkki trat ein, schloß die Tür und lehnte sich gegen einen Pfosten.

»Gut, daß Du da bist. Wir unterhalten uns über Überraschungen. Es wird Dich vielleicht interessieren. Nun?«

»Wenn man es auf dem Flur gackern hört,« sagte Leo, »und man glaubt, eine Misthenne habe sich verlaufen und möchte gern wieder hinaus, und wenn man die Tür aufmacht und sehen muß, daß es keine Henne war, die gegackert hat, sondern ein Mensch: das ist eine Überraschung.«

»Wirklich?«, fragte der Kleine, »bist Du derselben Meinung, Erkki?«

»Ja, natürlich.«

»Ich kann das nicht von mir sagen. Vielmehr glaube ich, daß es sich in diesem Fall nur um eine Täuschung handelt, um eine Irrung. Bei der Überraschung spielt die Zeit eine große Rolle.«

Leo glaubte, er habe den Kleinen in die Enge getrieben und fragte herausfordernd:

»Was ist denn eine Überraschung?«

»Mir fällt leider nichts Eigenes ein,« gestand Aati. »Aber ich erinnere mich an zwei Beispiele, die ich hier anführen möchte: – Wenn ein Tausendfüßler, der gewohnt ist, das 812. und 114. Bein zu gleicher Zeit aufzusetzen, die endlose Reihe seiner Füße entlangblickt und dabei feststellt, daß das 114. Bein seit langem fehlt, dafür aber das 262. den Dienst treu und ohne Murren versieht, – das nenne ich eine Überraschung. Leuchtet das ein?«

Leo lachte dröhnend und antwortete nicht.

»Was meinst Du, Erkki,« fragte der Kleine.

»Ich finde das lustig.«

»Lustig?«

»Ja.«

»Schön. Das andere Beispiel stammt, wenn ich mich recht erinnere, von einem Amerikaner. Es ist etwas komplizierter. Stellt Euch einen Mann vor, der an einem Brückengeländer aufgehängt werden soll. Er starrt auf seinen regelrechten Todfeind, den Strick, und entdeckt voller Freude, daß der Strick sehr dünn ist und ganz so aussieht, als ob er das Gewicht eines Menschen nicht aushalten könnte und reißen würde. Die

Schlinge wird also über den Kopf gehoben und zugezogen. Dann erhält der arme Mann einen Stoß und fällt hinab. Er fühlt einen mächtigen Ruck, der Strick reißt seiner Meinung nach, er fällt tiefer und tiefer, schlägt ins Wasser ein, kommt wieder an die Oberfläche, um Luft zu schöpfen und, da neben ihm die Kugeln einschlagen, taucht er rasch hinab, läßt sich von der Strömung ein gutes Stück mitführen, gewinnt das Ufer, erklimmt es, läuft, strauchelt, rafft sich wieder auf, immer von dem bösen Surren der Kugeln begleitet. Schließlich aber erreicht er den schützenden Wald und läßt sich erschöpft unter einem Baum nieder. Bevor ihn jedoch der Schlaf überkommt, wird er durch großes Geschrei erschreckt. Er rafft sich hoch, reißt die Augen auf und bemerkt, daß der dünne Strick sein Gewicht sehr gut aushält, daß er am Geländer baumelt und daß jenes Geschrei, das er gehört haben wollte, von der Brücke zu ihm dringt. – Das muß eine Überraschung sein!«

Der Kleine blickte auf seine Schuhe und schwieg.

»Das war also nur Einbildung,« brummte der Riese.

»Es ist anzunehmen,« sagte Aati.

Die drei Männer schwiegen eine Weile. Leo und Erkki dachten an den Mann, der so überrascht wurde; den Kleinen beschäftigte etwas anderes. Draußen begann es zu regnen. Über den Marktplatz hasteten zwei alte Frauen, sie wollten sich vor dem Regen in Sicherheit bringen. Sie wären schneller voran gekommen, wenn sie nicht einander eingehakt hätten.

Der Posten vor dem Gefängnistor lehnte sein Gewehr an die Mauer und zog einen Wettermantel an. Roskow stand an seinem Fenster, betupfte mit einem weichen Tuch die nässende Bartflechte und beobachtete den kleinen Bach. Erna, Roskows blonde, naive Frau, schnitt mit einer großen Schere Stanniolstreifen.

Langsam hob Aati den Kopf. Er lächelte nicht. Seine Stimme schien eiskalt, als er sagte:

»Ich muß Euch etwas mitteilen.«

Er machte eine Pause. Erkki drückte seinen Körper vom Türpfosten ab.

»Ich wünsche, daß Ihr nicht überrascht seid,« sagte Aati. »Der Bürgermeister war heute morgen auf der Lichtung am See. Das Mädchen sollte zur Insel hinüber. Wir hatten alles in der Scheune besprochen.« Er stockte und überlegte.

Erkkis Körper straffte sich.

»Ist dem Mädchen etwas geschehen?« fragte Leo, auf den Jungen blickend.

»Ja. Das Mädchen ist tot. Der Bürgermeister fand es zwischen den Booten.«

Erkki zitterte. Er preßte die Lippen aufeinander und schloß die Augen. ›Sollte es möglich sein,‹ dachte er. Seine Gesichtsfarbe wechselte, die Hände verkrampften sich. Das Blut in seinem Kopf begann stürmisch zu werden. Er schwankte, als ob er, von einem gutsitzenden, kräftigen Schlag getroffen, umfallen wollte. ›Sollte Stenka das getan haben? … Hat er Manja umgebracht? … Er muß es gewesen sein … Er allein … Sie wird ihn überrascht haben … als er fliehen wollte … Er braucht keine Zeugen seiner Flucht … Mein Gott … Stenka … Wenn Du das getan hast … Du hast es ja getan … Gnade Dir Gott, Stenka …‹

»Wir müssen den Mörder finden,« sagte der Kleine ernst.

»Wir werden ihn finden.«

»Ich kenne … den Mörder,« sagte Erkki leise.

»Es war der Lehrer,« sagte der Kleine.

Erkki nickte, drehte sich um und verließ, ohne ein weiteres Wort zu sprechen, den Laden.

»Ihm scheint es nahe zu gehen,« sagte Aati.

»Ja.«

»Kannte er das Mädchen?«

Der Riese kratzte sich in der Achselhöhle und antwortete: »Sie wollten heiraten.«

»Wir werden den Mörder finden.«

»Damit ist dem Jungen nicht geholfen.«

»Wir können sie nicht zum Leben erwecken.«

»Nein. Natürlich nicht. Wer tot ist, ist ein für alle Mal tot.«

»Was heißt es aber schon, tot zu sein. Der Tod ist eine winzige Bewegung auf dem großen Rechenschieber der Zeit.«

»Was sollen wir tun?«

»Der Korporal und einige Leute sind unterwegs, sie werden ihn verfolgen.«

Ein vorsichtiges Klopfen ertönte an der Tür. Leo und der Kleine dachten, Erkki käme zurück. Die beiden Männer sahen sich an, dann sagte Leo mit gedämpfter Stimme:

»Herein!«

Die Tür wurde langsam aufgemacht. Auf der Schwelle stand die Witwe, angetan nur mit dem sattsam bekannten, ärmellosen Kattunkittel. Leo wollte schon wütend auf die Frau zugehen und sie hinauswerfen, als der Kleine sagte:

»Kommen Sie herein, gute Frau. Was möchten Sie haben?«

»Die will gar nichts haben,« grunzte Leo empört. Er wagte nicht, die Witwe hinauszuschicken.

»Wollen Sie Pfingstrosen,« fragte der Kleine wieder, »oder Ringelblumen? Wenn Sie ein Grab schmücken wollen, nehmen Sie Ringelblumen, wenn sie nicht schon von alleine wachsen. Ringelblumen haben ein geheimes Abkommen mit dem Tod.«

»Ach was,« brummte der Riese.

Ohne auch nur die geringste Notiz von Leo zu nehmen, trat die Frau dicht an den Kleinen heran.

»Ich kenne den Lehrer,« sagte sie plötzlich.

Aati sprang auf, als ob ihn ein Insekt gestochen hätte.

»Was sagten Sie?«

»Ich kenne den Lehrer, der gesucht wird. Er ist mit seinem Karton durch den Garten gelaufen und kletterte hinten über den Zaun.«

»Haben Sie ihn beobachtet?«

»Ja.«

»Woher wußten Sie, daß es der gesuchte Mann war?«

»Er hat es mir erzählt.«

Aati und Leo sahen sich an. Der Kleine setzte sich wieder.

»Wissen Sie,« fragte der Kleine, »daß auf den Kopf des Mannes eine Prämie ausgesetzt wurde?«

»Ja, das ist mir bekannt.«

»Warum haben Sie ihn nicht gleich gemeldet?«

»Weil sie kurzsichtig ist und schwerhörig,« brummte Leo.

»Ich bin nicht kurzsichtig,« rief die Witwe.

»Beruhigen Sie sich, gute Frau. Als ich Stenka zum erstenmal hier im Blumengeschäft sah, wußte ich, daß es der Lehrer war.«

Die Witwe sah den Kleinen bestürzt an.

»Ja, ja,« nickte dieser, »Wir alle wußten es, Leo, Erkki und ich. Sie sagen uns also nichts Neues.«

»Du kannst gehen,« schrie der Riese, »Du kannst Dich wegmachen! Ich will Dich überhaupt nicht mehr sehen. Du wirst mein Haus verlassen, heute noch! Du – Du – ach – verdufte!«

Der Kleine schmunzelte. Die Frau ging wortlos hinaus und ließ die Tür ins Schloß fallen.

»Wer war das?«, fragte Aati.

Leo deutete mit dem Zeigefinger auf sein Herz und machte dann mit der Hand eine energisch-abwehrende Bewegung.

Aatis Lächeln schmolz langsam dahin.

Er sagte: »Wir werden vorläufig niemand zur Insel hinüberschicken. Ich bin dafür, daß wir erst den Lehrer einfangen.«

»Was soll mit ihm geschehen?« fragte Leo.

»Noch haben wir ihn nicht.«

»Es wird nicht schwer sein …«

»Wir werden ihn ungefährlich machen.«

»Wie?« In Leos Stimme klang Besorgnis.

Der Kleine erhob sich und machte ein paar Schritte.

Gegen das Fenster prasselte unaufhörlich der Regen.

»Wir werden verhindern, daß er sich bewegen kann, wir werden seine Gedanken ausschalten, wir werden ihn der Nahrungssorge entheben.«

»Tot?« fragte der Riese und rieb sich den Hals.

»Ungefährlich,« sagte der Kleine. »Man kann einen Menschen, sagen wir seine Leistungen, auch die gedanklichen Leistungen eines Menschen, nicht aus der Welt schaffen. Jeder hinterläßt seine Spuren, sichtbare oder unsichtbare. Der Stein, den man beim Spaziergang mit dem Fuß zur Seite stößt, die Rute, die man sich schneidet, das Insekt, das getötet wird, die Diele des Hauses, die der Schuh abträgt, überhaupt in jeder Veränderung – und der Mensch verändert seine Welt jeden Tag – liegt unsere Unsterblichkeit. Vielleicht sollten wir in diesem Falle von einer kleinen Unsterblichkeit reden, von einer Unsterblichkeit in Taschenformat. Denn die große Unsterblichkeit gründet sich im kolossalen Gedanken. Ein großer Gedanke kann die Welt nachhaltiger, ich will nicht sagen sinnvoller, verändern. Das hat nichts mit Logik zu tun.«

Der Riese folgte aufmerksam Aatis Worten. Was der Kleine gesagt hatte, leuchtete ihm ein. Er fand sogar den Mut zu einer Zwischenbemerkung.

»Dann,« sagte Leo, »dann hat der Tod ja überhaupt keinen Zweck!«

»Wieso?« fragte der Kleine, obwohl er die Kombination des Riesen ahnte.

»Wenn einer gefährliche Gedanken hinterläßt,« sagte Leo, »ist es einerlei, ob er noch am Leben ist oder nicht. Die wirken auch ohne seine Gegenwart.«

»Das ist richtig, aber nur auf den ersten Blick. Der Tod hat eine gute Bewandtnis, er taugt schon zu etwas. Er hilft uns die Gedanken vom Fleisch trennen, von ihrem Urheber. Solange es noch die Stirn gibt, hinter der das Teufelsdynamit der Gedanken entstanden ist, solange gibt es auch den Humus, der diese Gedanken nährt. Wenn diese Stirn verschwunden ist, neutralisiert man leichter die Gespenster.«

»Welche Gespenster?« fragte der Riese. Er tat gerade so, als ob er das verstanden hätte.

»Die Gespenster des Kopfes. Der Tod – ich möchte ihn nicht unmöglich machen – hat doch etwas von einer gewaltigen Käseglocke. Die Hinterlassenschaft eines jeden, der von ihm überrumpelt wird, kommt vorerst unter Glas. Nicht für immer, versteht sich, es gibt Fälle, die das eindeutig beweisen. Da wurde eine solche Käseglocke angelupft, und schon schwärmten diese kleinen Biester lautlos auseinander und fanden Humus: Stirnen, Stirnen.«

Leo lachte, »Biester, damit sind wohl Verbrecher gemeint?«

»Nein,« sagte der Kleine, »Gedanken.« Er hob seinen Kopf. Die Tür, die auf die Straße hinausführte, war laut ins Schloß gefallen. Leo trat an das große Fenster heran.

»Bekommen wir Besuch?« fragte der Kleine.

»Nein. Erkki ist fortgegangen.«

»Wohin will er?«

»Ich weiß es nicht.«

Aati erhob sich unerwartet, nickte Leo zu und verließ den Laden. Gleich darauf sah der Riese ihn über den Marktplatz gehen.

ACHTES KAPITEL

Axtschläge

Stenkas Atem ging ruhiger. Er hielt mit einer Hand die widerspenstigen Zweige eines Busches zurück und sah angestrengt auf die Lichtung, wo dann und wann ein schlankes Mädchen zwischen Booten auftauchte. Der Mann war erstaunt, um diese Zeit an einer so einsamen, wenn auch nicht gottverlassenen Stelle ein Mädchen anzutreffen.

›Was tut sie hier? … Warum läuft sie zwischen den Booten herum? … Es muß doch schon sehr spät oder sehr früh sein? … Sollte sie die Absicht haben … Nein, das ist nicht anzunehmen … sie besitzt nicht die Kraft, ein Boot allein ins Wasser zu ziehen … Erwartet sie einen Mann? Ich darf mich nicht bemerkbar machen …, vielleicht könnte ich dem, den sie erwartet, begegnen.‹

Die Nacht war hell. Auf dem alten Rücken der Welt ruhte der Mond. Mond, der jedem und keinem gehört: Mond des Holzschiffers, Mond der heiseren Raubmöwe, Mond des Kieferstamms, Mond eines Gedankens, Mond der feuerfarbenen Ringelblume, Mond des kauenden Rentiers, Aatis Mond, Roskows Mond, Ernas Mond, Erkkis Mond, der Mond des Affenkorporals, Leos fetter Mond.

Stenka beobachtete schweigend das Mädchen.

Von einem Ast herab rief ein Vogel. Er hatte Stenka entdeckt. Niemand antwortete dem aufgebrachten Tier. Wer sollte schon ein Interesse an ihm haben, an dem barfüßigen Mann, der reglos hinter einem Busch verharrte?

Stenka überlegte: ›Wenn das Mädchen fort ist, kann ich versuchen, ein Boot ins Wasser zu schieben ... Wasser hinterläßt keine Spuren ... Ich werde über den See rudern, irgendwo an Land gehen und das Boot wieder vom Ufer abstoßen ... Vielleicht werden sie annehmen, ich sei ertrunken ... wenn ich nur wüßte, was das Mädchen vorhat ... will sie womöglich selber fliehen ...‹

Ein heiserer Ruf, unmittelbar in seiner Nähe, ließ ihn zusammenzucken. Er wandte langsam den Kopf: vier Schritte neben ihm stand ein Mensch.

›Das wird der Mann sein, den sie erwartet.‹

Das Mädchen hatte offenbar den Ruf nicht gehört; es ging zum Strand hinunter und blickte lange zu der Insel hinüber. Stenka konnte sehen, wie sie ihr Haar, das der Wind zerpflückte, in den Nacken zurückstrich. Hinter ihm ächzte eine Kiefer. Stenka zitterte, seine nackten Füße brannten. Der Mann, der nur vier Schritte neben ihm stand und ihn noch nicht bemerkt hatte, ließ sich auf alle Viere nieder und kroch langsam an die Lichtung heran. Zuweilen klirrte es, als ob Glas an Glas schlüge. Hinter sich zog der Schleichende einen kleinen Beutel aus Sackleinwand.

›Warum tut er so geheimnisvoll?‹ dachte Stenka. ›Sie erwartet ihn doch augenscheinlich ... will er sie erschrecken? Aus Freude am Erschrecken?‹

Das Mädchen stand immer noch am Strand. Eine Raubmöwe schrie auf und flatterte wild über die Lichtung. Als der seltsame Beobachter bis zu einem Boot vorgekrochen war, erhob er sich. Sein Körper war im Schatten, in sein Gesicht aber fiel der Mond. Stenka erschrak, als er diesen Kopf erblickte. Es war der Kopf eines Wahnsinnigen.

›Ob sie diesen erwartet? ... ich kann es mir nicht denken ...

der sieht harmlos und gefährlich zugleich aus … er hat etwas von einem Kind und etwas von einem Wilden …‹

Er verspürte einen leisen Druck auf seinem Oberschenkel. Es war der Revolver. Stenka faßte in die Tasche und zog ihn heraus. Das kleine Instrument lag gut in seiner Hand, es war für die Hand gearbeitet. Ein vages Gefühl der Sicherheit überkam Stenka. Er unterließ es, den Revolver wieder einzustecken.

Das Mädchen wandte ihre Blicke von der Insel, warf den Kopf nach hinten, damit das Haar aus der Stirn weiche, und ging zu den Booten zurück. Der Wahnsinnige tauchte in den Schatten. Er lehnte sich, zusammengekauert, sprungbereit wie ein Raubtier, gegen eine Bordwand. Das Mädchen, arglos, nichtsahnend, kam näher und näher und setzte sich, mit dem Rücken zu Stenka und dem Lauernden, auf den Kiel eines der Boote. Sie ließ die Beine herabbaumeln und schlug mit den Absätzen gegen das Holz. Es waren rhythmische Schläge. Stenka ließ die widerspenstigen Zweige aus seiner Hand los, sie schnellten surrend zurück. Er fürchtete, daß sich jeden Augenblick etwas ereignen könnte und kroch, wie der Wahnsinnige, auf allen Vieren nach vorn. Er bewegte sich mit größter Vorsicht, mit angehaltenem oder doch zumindest gedrosseltem Atem, bis er, seiner Meinung nach, die Entfernung hinreichend verkürzt hatte. Eine natürliche Deckung – ein mächtiger Ast, den der Sturm abgerissen hatte – entzog ihn allen möglichen Blicken. Leidenschaftslos, etwas ängstlich und besorgt, starrte er auf den Mann, von dem er eine überraschende Handlung erwartete.

Der Wahnsinnige indes schien Zeit zu haben. Wenigstens kam es Stenka, dessen Nerven über die Maßen strapaziert wurden, so vor. Es vergingen etliche Minuten.

Plötzlich ertönte hinter dem Rücken des Mädchens ein heller, sirenenhafter Schrei. Der Mann, der bisher im Schatten des Bootes, unbemerkt, gekauert hatte, erhob sich rasch und stieß ein meckerndes Lachen aus. Das Mädchen, tief erschrokken durch diesen Vorfall, sprang sofort von ihrem Sitz hinab und wandte sich hastig um. Der Mond fiel in ihr Gesicht wie in ein flaches Tümpelchen. Stenka bemerkte, daß sie bebte. ›Sie hat ihn also doch nicht erwartet … ich hatte es mir gleich gedacht … was hat dieser komische Mann vor? …‹

»Was wollen Sie hier?« fragte das Mädchen.

»Ich suche den Frühling, hihihi. Ich bin ihm schon auf der Spur. Außerdem suche ich meinen Bruder, einen Holzschiffer. Dem Frühling will ich die Füße fesseln, meinem Bruder die Hände.«

›Er ist verrückt,‹ dachte Stenka, ›aber alt und harmlos.‹

Der Alte ging langsam um das Boot herum und streckte seine Hände nach dem Mädchen aus. Sie wich vor ihm zurück, aber nur wenige Schritte, dann stellte sie sich ihm.

»Alle Menschen,« zischte der Alte, »sind gewaltige Vögel, sie brauchen nur ihren Kopf dranzubehalten und über die Wolken zu erheben.« Er riß eine Kalmuswurzel heraus, die er unter einer Schnur, die seinen Pelzrock zusammenhielt, eingeklemmt hatte, biß davon ab und kaute knirschend.

»Was war Dein Vater,« fragte er, als er den Bissen hinuntergeschluckt hatte. »War er etwa ein Bach, ja? oder ein Zweig?«

Das Mädchen antwortete nicht, sie blickte ständig zum Rand der Lichtung hinüber, hoffend, daß jemand käme.

›Sie erwartet offenbar einen anderen,‹ schloß Stenka, als er dessen gewahr wurde.

Der Alte stieß einen hellen Ton zwischen den Barthaaren hervor und murmelte:

»Was tust Du hier? Willst Du mit dem Mond spielen? Er

wird Dich enttäuschen. Der Mond ist ja kein Kätzchen. Er läßt sich nicht herunterlocken. Oder – willst Du hinüberfahren? Zur Insel?«

Das Mädchen antwortete nicht.

Unvermutet zuckte der Alte zusammen, begann sich mit ausgestreckten Armen um seine eigene Achse zu drehen, erst langsam, dann immer schneller, und wiederum langsamer und immer langsamer, bis er schließlich stehenblieb. Er machte einen Versuch zu lachen. Dieses Lachen wurde von dem Mädchen erwidert. Es war, als ob dieses Lachen die Mauer des Mißtrauens niedergerissen hätte.

»Wie heißt Du denn?« fragte der Alte.

»Manja.«

»O, das ist ein schöner Name. Ich heiße Petrucha.«

»Petrucha?«

»Ja. Gefällt er Dir nicht?«

»Doch. Aber er paßt nicht zu Ihnen.«

»Wie sollte ich denn heißen? Gib mir einen neuen Namen.«

»Sie sehen aus wie ein alter Kater,« sagte das Mädchen belustigt.

Der Alte lachte hell auf.

»Das ist richtig. Ich sehe aus wie ein Kater. Ich sollte darum Kater heißen.«

Er griff hinter sich, zog einen Beutel nach vorn, öffnete ihn mit pedantischen Bewegungen und steckte eine Hand hinein. Das Mädchen unterdrückte einen erstaunten Ausruf, als der Mann eine junge Katze zum Vorschein brachte und das Tier auf den Kiel eines Bootes warf, wo es bewegungslos liegen blieb.

»Du brauchst sie nicht zu streicheln.«

»Ist sie tot?«

»Ja.«

»Warum tragen Sie denn das Tier mit sich herum?« fragte Manja.

»Ich habe es gefunden. In einer Scheune. Wenn sie nicht die Katze getötet hätten, wäre ich …«

»In wessen Scheune?« unterbrach ihn das Mädchen.

»Diese Scheune gehört niemand.«

»Aber es muß sie doch jemand gebaut haben.«

Der Alte kicherte:

»Die Nacht hat sie gebaut. Die Scheune gehört der Nacht. Aber die Nacht ist niemand.«

Manja sah ihn aus großen, ängstlichen Augen an. Sie begann sich zu fürchten, weil er solch wirres Zeug sprach. Sie versuchte, einige Schritte zurückzugehen. Aber er merkte es sofort und sprang ihr nach und riß wieder die Kalmuswurzel heraus und sagte:

»Magst Du hier abbeißen? Es schmeckt gut. Diese Wurzel ist die Großmutter der Fische. Beiß doch, beiß doch zu.«

»Ich mag nicht.«

»Warum magst Du nicht?«

»Ich habe keinen Hunger.«

Der Alte stöhnte:

»Ich habe auch keinen Hunger,« sagte er, »ich beiße aber trotzdem ab. Damit die Zähne in Übung bleiben.« Er biß ab und klemmte die Wurzel unter der Schnur ein. Während er kaute, blickte er sich nach allen Seiten um.

»Es ist schön hier, nicht?«

»Ja,« sagte Manja.

»Hier kommen nur wenige Menschen vorüber. Glaubst Du das?«

»Ja,« sagte Manja. Sie wurde mißtrauisch.

»Willst Du mir nicht sagen, wer Dein Vater war? Kennst Du ihn überhaupt? Kannst Du Dich an ihn erinnern?«

Das Mädchen antwortete nicht.

Der Alte trat dicht an sie heran, nahm ihren Kopf in beide Hände und bog ihn so zurück, daß das Mondlicht ihr Gesicht erhellte. Er betrachtete sie lange. Plötzlich stieß er sie von sich und schnarrte:

»Ich kenne Dich. Du bist mir schon einmal begegnet. Wer war Dein Vater, sag mir das! Wo ist Deine Mutter?«

Manja zitterte vor Angst. Am liebsten wäre sie fortgelaufen, aber das war nicht möglich, weil der Alte nur seinen Arm auszustrecken brauchte, um ihr den Weg zu versperren.

»Wo ist Dein Vater?« rief der Alte wiederum.

»Das geht Sie nichts an.«

»Du mein Jesus,« stöhnte der Alte. »Weißt Du, wer ich bin?«

Manja schüttelte den Kopf.

Er legte ihr seine Hände um den Hals. Der Zeigefinger schlich sich behutsam hinter ihr Ohr und blieb auf der Narbe liegen.

»Du mein Jesus,« kicherte der Alte, »Du weißt nicht einmal wer ich bin. Ich bin eine gelbe, nicht zu große Schüssel. Ich bin schon einige Jahre kaputt; an einem Herd bin ich zersprungen. – Wo ist Deine Mutter?«

»Lassen Sie mich doch los!« rief das Mädchen. »Was wollen Sie überhaupt von mir? Ich habe Ihnen doch nichts getan.«

»Du hast mir nichts getan, nein. Du hast mir genau so wenig getan wie diese Katze. Sie ist tot, siehst Du das. Sie hat mir nichts getan und ist doch ein für allemal tot. Sie wird keine Maus mehr fangen, sie wird nicht mehr schnurren, sie wird nie mehr in der Sonne liegen. Sie wird auch keine Vögel mehr beobachten. Warum soll sie das auch? Ihr Seelchen ist heute nämlich ein Vogel. Eine Meise mit weißem Kehlchen.«

Manja entwand sich seinem Griff und stemmte sich mit dem Rücken gegen ein Boot. Sie blickte hilfesuchend zum Rand der Lichtung hinüber, aber es kam niemand. Petrucha näherte sich ihr langsam mit vorgestreckten Händen. Seine Augen flackerten haßerfüllt.

»Dein Vater war kein Bach,« zischte er, »auch kein Baum. Dein Vater war mein Bruder, der feine Holzschiffer. Ich suchte ihn hinter den Seen und in den Wäldern. Ich habe ihn noch nicht gefunden.«

»Sie sollen mich zufrieden lassen,« rief das Mädchen in größter Furcht. »Wenn Sie nicht sofort gehen, rufe ich um Hilfe!«

»Rufe doch, schrei doch! Die Kiefern verstehen Deine Sprache nicht. Sie werden Deine Schreie nicht weit kommen lassen. Kiefern lieben die Ruhe. Deine Mutter hat auch nicht um Hilfe gerufen, als der Holzschiffer zu ihr kam. Deine Mutter war ganz still.«

Das Mädchen war wie gelähmt. Sie versuchte, ihre Füße vom Boden abzudrücken, über das Boot zu klettern und auf der andern Seite in den Wald zu laufen. Es war ihr nicht möglich. Sie öffnete ihre Lippen, um einen Schrei auszustoßen, in der Hoffnung, einer könnte ihn hören und hierherkommen. Ihre Lippen sprangen auf, bebten, verkrampften sich, aber es drang nur ein leises Stöhnen zwischen ihnen hervor. Der Alte bemerkte das. Seine Hand fuhr unter ihr Kinn. Er zischte:

»Warum schreist Du nicht? Ruf doch um Hilfe, Du zarte Möwe. Es geht nicht, wie? Der Schrei will nicht geboren werden. Schreie sind mächtiger als kleine Kinder. Kleine Kinder werden geboren, ob sie wollen oder nicht; Schreie können sich dagegen sträuben, auf die Welt zu kommen. Du, meine Birke, Du hättest lieber nicht auf die Welt kommen sollen. Siehst Du das ein? Tut es Dir jetzt leid? Natürlich tut es Dir leid. Allen Menschen tut es einmal in ihrem Leben leid, daß sie den Mond erblickten. Nur den Vögelein nicht, den Habichten tut es nicht leid, daß sie hier sind. Weißt Du, wer mir das sagte? Du mein Jesus, das erzählte mir meine Axt. Du glaubst das nicht, wie? Du kannst es mir ruhig sagen, wenn Du das nicht glaubst. Meine Axt hat viel erlebt. Sie kann manches erzählen. Soll ich sie Dir zeigen? Willst Du Dich einmal mit der Axt unterhalten? Dein Vater, der feine Holzschiffer, wollte sich auch immer mit meiner Axt unterhalten. Als ich sie ihm vorführen wollte, da ist er fortgelaufen und war nicht mehr zu finden. Meine Axt hat eine große Stimme, eine gefährliche Stimme. Wenn sie zu reden anfängt, Du mein Jesus, dann muß man sich die Ohren zustopfen und die Augen schließen. Anders kann man sie nicht ertragen. Aber Du glaubst wohl, ich prahle nur. Du denkst sicher, der erzählt mir da irgendein Märchen. Äxte haben nichts im Märchen zu suchen. Ich werde sie Dir zeigen.«

Der Alte faßte hinter sich, zog den leinernen Beutel nach vorn, öffnete ihn mit viel Bedacht und holte eine Axt hervor.

»Das ist sie,« sagte er, liebevoll auf das Werkzeug blickend. »Man sieht ihr nicht an, daß sie viel erlebt hat.«

Manja schloß die Augen. Sie versuchte, ihren hastigen Atem ruhiger werden zu lassen, sie sagte sich, daß man diesem wahnsinnigen Alten nur durch Kaltblütigkeit imponieren könne. ›Sollte das der Mann sein, der damals die Schüssel warf?‹, dachte sie. ›Er muß es sein, woher sollte er es sonst wissen. Das ist also der Bruder meines Vaters – mein Gott, wie soll ich mich verhalten. Was soll ich nur tun?‹

Sie öffnete die Augen und fragte ängstlich:

»Haben Sie die Axt schon lange?«

»Diese Axt ist alt, älter als Du. Ihr sind aber noch nicht die Zähne ausgefallen. Mich hat sie noch nie gebissen. Mich wird sie auch niemals beißen. Deinen Vater, den Holzschiffer, will sie schon seit Jahren beißen …«

Stenka, hinter seiner natürlichen Deckung, hatte bisher fast jedes Wort verstehen können. Er hatte schmunzeln müssen, als der Alte so liebevoll von der Stimme seiner Axt erzählt hatte. Er hielt ihn für einen harmlosen, verrückten, alten Vagabunden: ›Er ist nicht gefährlich. Eigentlich könnte ich mich erheben und zu ihnen gehen … vielleicht ist es sogar das Beste … der Alte kennt sicherlich alle Wege in dieser Gegend … er redet vollkommen irre … warum fürchtet sie sich nur vor ihm? … sie hat doch wirklich keinen Grund dazu … sie hätte von der Wurzel abbeißen sollen … ich hätte es jedenfalls getan.‹

Stenka zog das rechte Bein an, das einzuschlafen drohte. Dabei fuhr der große Zeh durch den Sand und hinterließ eine kleine Rinne. Die Haut über den Knöcheln brannte. Das Liegen wurde ihm zur Qual. Hunger quälte ihn maßlos. Sein Blick fiel auf den kleinen Revolver, der still in seiner Hand lag. Er glänzte matt. ›Wenn jetzt nur kein Schuß losgeht,‹ dachte Stenka, ›ich würde mich mehr erschrecken als der Alte und das Mädchen .. was soll ich überhaupt damit? .. Wegwerfen! – Wegwerfen? … dieser Revolver gehört Erkki …‹

Plötzlich zuckte er zusammen und hob seinen Kopf.

Ein Schrei zerriß das Schweigen und flatterte über die Lichtung, ein nur halbausgestoßener Schrei, ein Schrei, der erstarb, ehe er vollends geboren war, der Angstschrei, der Todesschrei eines Mädchens. Stenka gewahrte in der erhobenen Hand des Alten die Axt, sah, wie das beißlustige Werkzeug, das Werkzeug, das sprechen konnte – wenigstens nach Petruchas Worten, niedersauste auf das Mädchen, auf den Kopf des Mädchens, wütend, gierig, mitleidlos, gehorsam, lustvoll-unterwürfig. Stenka sah, wie das Mädchen dumpf zusammenbrach, umknickte, niedersank, gefällt wurde, wie eine Birke. Und der Alte, das wahnsinnige, unruhige, einsame, armselige Scheusal, das Scheusal, das an nichts anderes dachte als an einen Bruder, eine magere Frau und an eine gelbe Schüssel, der Alte also, nachdem er seine Axt hatte zubeißen lassen, nachdem er ihr einen Fraß angeboten hatte, stand da und kicherte, und riß die Kalmuswurzel heraus und biß davon ab.

Nur einen kleinen, einen winzigen, aber entscheidenden Augenblick war Stenka außerstande, sich zu bewegen. Dann sprang er auf, dann riß er sich, den Revolver in der Hand, von der Erde los und rannte nach vorn. Petrucha wandte, da er den Mann sich nähern hörte, den Schädel, den mit dünnem Haar bewachsenen Schädel und erschrak. Einen sirenenhaften Ton stieß er aus, eine Selbstwarnung, griff nach dem toten Körper der jungen Katze, erfaßte ihn, wandte sich um, blickte noch einmal zurück und lief watschelnd über die Lichtung.

»Halt!« rief Stenka, »Bleiben Sie stehen!« Er dachte: ›Bleiben Sie in Gottes Namen stehen, sonst schieße ich, sonst kann es Ihnen schlecht bekommen.‹

Aber Petrucha, dieser verrückte Alte, gab nichts darauf. Er watschelte weiter.

Im Lauf, »Halt!« rufend, richtete Stenka den Revolver auf den Flüchtenden, ohne Bereitschaft allerdings, auf ihn zu schießen. Aber was heißt das schon! Der Alte war nur noch zwei, drei Meter von den schützenden Kiefern entfernt. Das war dem Zeigefinger zuviel, er konnte das nicht ertragen und krümmte sich. Er krümmte sich und zog den Abzug durch, das mechanische, willfährige Dingchen. Darauf hatte die Kugel nur gewartet, auf dieses kurze Zeichen und zwängte sich, von einem Feuerstrahl verfolgt, durch den Lauf. Jede Revolverkugel kennt das Fernweh.

›Sehen Sie,‹ dachte Stenka, ›warum blieben Sie nicht stehen.‹ Einen Schritt vor den schützenden Bäumen erreichte die Kugel den Alten, versetzte ihm einen furchtbaren Schlag, so daß er Axt und Katze fallen ließ, durchschlug die Pelzjacke und drang ihm von hinten in die Brust. Er, der nicht hatte hören wollen, der davongewatschelt war, als ob er unerreichbar, unverfolgbar wäre, sackte stöhnend in die Knie, er warf die Arme nach oben, als müßte er sich festhalten – am Himmel vielleicht – krallte die Finger in seine Handflächen, schwankte, versuchte, mit letzter Anstrengung sich hochzuraffen und fiel dann auf das Gesicht.

Stenka sah das und schloß die Augen. So etwas hatte er nicht erwartet, er hatte es, offen gesagt, dem kleinen Revolver nicht zugetraut. Das Instrument wurde ihm unheimlich; er öffnete die Augen und sah auf seine Hand: da lag es, zufrieden, still, reglos. Furcht und Haß überkamen ihn. Er holte weit aus und warf den Revolver in den See. Ein paar unbedeutende Spritzer machte der, dann beruhigte sich die Wasserfläche. Aus, vorbei. ›Ich werde Erkki sagen, ich habe ihn verloren … er wird es mir schon glauben … er muß es mir glauben … er kann es ja nicht nachforschen … wenn es möglich sein wird, werde ich ihm Geld dafür geben … Manja! Das ist ja Erkkis Braut! … Großer Gott? Was wird der Junge sagen? … ob sie tot ist?‹

Stenka lief zu der Stelle, wo das Mädchen lag. Er beugte sich über sie, wagte aber nicht, sie zu berühren. Über Stirn und Wange lief Blut, ihre Augen waren geschlossen. Er lauschte, ob nicht Atemzüge zu vernehmen seien. Er konnte nichts hören. Einen Augenblick dachte er im Unterbewußtsein, daß sie ihn nur täuschen wolle und noch lebe. Er hätte das nicht gedacht, wenn ihn nicht etwas Bestimmtes daran erinnert hätte, an diese Situation. Plötzlich war es ihm, als stünde er in seinem Klassenraum in Kalaa. Er hatte einen notorischen Faulpelz, einen blassen, früh ins Kraut geschossenen Schüler, Sikänen hieß er, gefragt, was Staubfäden seien. Der erhob sich nicht, sondern sagte, das Gelächter der Klasse herausfordernd, ›Telefondrähte, besonders im Sommer, wenn die Straßen sehr staubig sind.‹ Stenka rief ihn nach vorn, befahl ihm, sich zu bücken und wollte ihm mehrere Schläge verabreichen. Doch noch ehe der Stock zum ersten Schlag ausholte, fiel der Faulpelz, Sikänen, auf den Boden und rührte sich nicht. Er war ohnmächtig, ohne Zweifel. Sein Puls ging nur schwach. Sollte er in Lebensgefahr sein? Stenka stürzte aus dem Klassenzimmer, um den Schularzt zu rufen. – Irgend etwas, er wußte selbst nicht mehr was, hatte ihn wieder umkehren lassen. Er öffnete die Tür und sah, wie sich Sikänen lachend erhob, ihn, Stenka, köstlich imitierte und, von den Schülern begeistert gefeiert, auf seinen Platz zurückging.

Stenkas Rücken überlief eine Gänsehaut. Er riß sich los von dieser Erinnerung und starrte auf das Mädchen. Sie bewegte sich nicht. Er ergriff ihre Hand. Sie ließ es geschehen. Er fühlte keinen Pulsschlag mehr.

›Das Mädchen ist tot, der Alte hat sie erschlagen, ein Wahnsinniger …‹

Er wandte sich um und blickte zum Rand der Lichtung hinüber, wo der Alte zusammengebrochen war, als ihn die Kugel erreicht hatte. Stenka erschrak: dort lag niemand; der Körper war verschwunden. Sollte er getäuscht worden sein? Er empfand Angst und Freude zugleich bei diesem Gedanken.

Der Mond über den Kiefern wurde blasser. Der Morgen begann ihm die Farbe zu rauben. Im Schilf regte sich das Leben. Es mußte sehr früh sein.

›Sollte die Kugel ihn nicht getroffen haben … es kann gut sein … ich schoß ja im Laufen … er wird mich getäuscht haben … ich muß ihn fangen … ich muß hinterher. Dem Mädchen ist ohnehin nicht mehr zu helfen … ich kann es allein lassen, ich muß es allein lassen …‹

Stenka machte sich auf die Verfolgung. Er fand den Platz, auf dem Petrucha zusammengebrochen war, und er fand auch die Axt und den toten Körper der Katze. Er dachte nicht an seine Sicherheit. Unbewaffnet, ohne den Gedanken, der Alte könnte sich hinter einem Kiefernstamm verbergen und ihm auflauern, drang er in den Wald ein. Die dichten Wipfel ließen das blasse Mondlicht nicht durch, es war hier dunkler als auf der Lichtung. Aber der Morgen war nicht mehr fern.

Stenka blieb stehen und lauschte. Er kannte nicht die Geräusche des Waldes. In seiner Nähe klopfte ein Specht. Vom See her drang ein Vogelruf zu ihm. Das war alles. Er hatte keinen Anhaltspunkt, er wußte nicht, in welche Richtung er die nackten Füße lenken sollte. So überließ er sich seinem Gefühl und ging, um selbst eine Orientierung zu haben, parallel zum Ufer weiter. Der Boden war weich und feucht, es stank nach verfaulten Wurzeln. Schilfhalme wurden vom Wind hin und hergetrieben, sie wisperten und murrten im Schlaf. Das Wasser gluckste. Wenn Stenka auf besonders weichen Boden trat, fühlte er etwas zwischen seinen Zehen hervorquellen.

Er überlegte, ob es nicht besser sei, zur Lichtung zurückzukehren und dort das Morgenlicht abzuwarten. Aber dieser Gedanke wurde sofort wieder verworfen, weil Stenka wußte, daß er in der Nähe des Mädchens nicht fünf Minuten hätte warten können. Ihre Gegenwart, die Gegenwart eines toten

Menschen, wäre ihm unerträglich, unheimlich. Er blieb stehen und lehnte sich mit dem Rücken gegen eine mächtige Kiefer. Seine Lippen zitterten, die Brust schmerzte, Hunger quälte ihn. Er dachte: ›Wenn der Hunger nicht wäre ... es würde alles viel leichter sein ... es ließe sich alles müheloser ertragen ...‹ Die Hand fuhr über die heiße Stirn. ›Ich habe Fieber,‹ dachte er, ›ich muß mir Schuhe besorgen, Schuhe ...‹ Stenka lächelte über sich selbst. ›Schuhe – woher?‹ Er sah auf seine nackten Füße hinunter, nur eine Sekunde. Seine Füße taten ihm leid, es kam ihm vor, als ob er sie schäbig behandelt hätte, er empfand ihnen gegenüber ein schlechtes Gewissen. Er befahl der großen Zehe, sich zu bewegen. Sie tat es, sie tat es, ohne sich zu sträuben, ohne die Ausführung des Befehls hinauszuzögern. Stenka überlegte: ›Wenn ich das Taschentuch zerreiße und es um die Füße wickle, so ist es immer noch besser, als wenn ich barfuß gehe.‹

Er kramte ein schmutziges, feuchtes Taschentuch hervor, ließ sich, mit dem Rücken zum Kiefernstamm, auf den Boden hinunter, schlug die Beine übereinander und begann seine Fußsohlen trocken zu reiben. Die Durchblutung tat wohl. Die große Zehe äußerte Reflexbewegungen. Nickte sie? Dankbar?

Ein leises Wimmern ließ ihn aufhorchen. Er verwahrte das Taschentuch und erhob sich langsam und vorsichtig. Er hielt den Atem an, damit er, wenn sich das Wimmern wiederholte, die Richtung herausfinden konnte, aus der es zu ihm gedrungen war. Die Kiefer, an die er sich lehnte, ächzte. ›Soll ich weitergehen? – Soll ich warten? – Wenn ich weiterginge, könnte ich in eine falsche Richtung geraten ... Habe ich ihn doch getroffen? .. Stirbt er ... Mein Gott ... ich muß zu ihm ... ich werde ihn rufen ... er wird sich melden, wenn er Hilfe braucht ... er wird mir antworten, wenn es auch nur ein Wimmern wäre ...‹

Die Lippen öffneten sich, er strengte die Brust an und rief:
»Hallo? He! Wo sind Sie?«

Keine Antwort.

»Hallo! Warum antworten Sie nicht?!«

Stenka hätte lieber rufen sollen: Können Sie noch antworten? Wimmern Sie doch noch einmal, dann finde ich schon die Richtung.

Er glaubte, der Mann wolle nichts mit ihm zu tun haben. Er täuschte sich auch nicht. Der Mann, dessen Axt reden konnte, der sein beißlustiges Werkzeug nicht im Zaum gehalten hatte, als es aufbegehrte, und dem eine unscheinbare Kugel, so ein bleigrauer Fremdkörper in die Brust eingedrungen war, – der Mann lag im Morast und beschäftigte sich damit, Blut auszuspucken, das – er zerbrach sich nicht den Kopf darüber, woher – in seine Mundhöhle drang. Er lag auf dem Bauch und fühlte, wie die Nässe seine Pelzjacke überwand. Eine Gesichtshälfte war noch trocken und einigermaßen sauber, die andere lag im Morast. Plötzlich schüttelte den Alten sein Verstand, der Grips, den er noch hatte, regte sich.

›Warum liegst Du eigentlich hier im Dreck, Du mein Jesus. Warum hebst Du nicht den Arsch und gehst in Deine Schilfhütte, Du Vogel? Du Zeisig? Willst Du hier etwa bis zum Winter liegenbleiben? Oder gleich bis zum nächsten Frühling. Tu doch nicht so, als ob es angenehm wäre, im Schlamm zu liegen und ein Bogenspucken mit Blut zu veranstalten. Wenn Dich Dein Bruder so sähe, der Holzschiffer! – Also los, Petrucha, Du Kalmusfresser, erheb Dich! Sonst müssen wir uns trennen, Du mein Jesus, sonst müssen wir wohl unsere eigenen Wege gehen. Schließlich haben wir uns einander anzugleichen. – Na wirds bald?! Hoch das Steißbein! – Nimm doch die Hände zu Hilfe! – Morast fühlt sich nicht angenehm an? Wenn schon!

Immerhin steht unser Einvernehmen auf dem Spiel! Petrucha! Alter Wahnsinniger! Ich bin Dein Verstand, Dein Gripsklumpen. Erhebe Dich, oder wir sind geschiedene Leute.‹

Der Mann gehorchte. Er grub die Hände in den Schlamm, er drückte sich ab. Langsam hob er den Kopf. Da bemerkte er, daß nur ein Auge dienstbereit war. Das andere war mit Dreck verschmiert. ›Nebensache, können wir später am See auswaschen. So, jetzt ein Bein angezogen! Unter den Körper damit! Das Bein soll tragen! Es soll sich nicht so anstellen! Armer Petrucha! Siehst Du, es geht. Nun hast Du Dich aufgerafft, wie Du Dich auf der Lichtung aufgerafft hast. Damals ging es doch auch.‹

Petrucha stand fast senkrecht. ›Na, siehst Du, es geht doch alles. Du wirst sehen, es läßt sich machen. Ich kann das doch beurteilen, Petrucha, ich bin doch Dein Grips, und wir beide arbeiten Hand in Hand.‹

Der Alte streckte den Fuß aus, schwankte, straffte verzweifelt seinen Rücken, spuckte Blut aus, wollte fort, aber stürzte schwer der Länge nach in den Schlamm.

›Waschlappen‹, dröhnte sein Gripskasten.

Petrucha wimmerte.

Dieses Wimmern hatte Stenka gehört und rief nun »Hallo!« und »He!« und »Wo sind Sie?«

Es kam dem armen Alten überhaupt nicht in den Sinn, zu antworten. Er war von der Unmöglichkeit, einen Laut hervorzubringen, so sehr überzeugt, daß er sich nicht einmal auf einen Versuch einließ. Mit einem vollen Mund kann man schlecht rufen und Petrucha hatte den Mund voller Blut.

Stenka wartete und wartete. Das wurde ihm nicht leicht. Er konnte folgendes annehmen: entweder hatte sich der Mann, dessen Wimmern er gehört hatte, entfernt, oder er war unfähig, sich bemerkbar zu machen. Angesichts einer solchen Lage tut man gut daran, das Warten aufzugeben und nachzuforschen, woran man eigentlich ist.

Stenka ging in die Richtung, aus der er das Wimmern gehört haben wollte. Die Fußsohlen rutschten über den Schlamm. Er war froh, nicht mehr im Besitz des kleinen Revolvers zu sein. Er glaubte, daß das Wasser, das ihn angenommen und verschluckt hatte, gleichzeitig die Schuld, die er sich erworben, mit hinuntergezogen hatte. Gedanke einer reinen, gläsernen Torheit! Schöne Absurdität! Wenn es so gewesen wäre, wenn er ohne Belastung, makellos, unschuldig, ja wenn er unschuldig ein paar Schritte getan hätte und plötzlich auf einen Mann getroffen wäre, der still im Morast lag, dann hätte er, Stenka, ein anderes Gesicht gemacht. Er hätte auch nicht die Atemnot und das widerliche Würgen im Halse verspürt, wenn er, wie jetzt, zufällig an die Stelle gekommen wäre, an der der Mann lag. Als Stenka des Unglücklichen gewahr wurde, dachte er: ›Um Gottes Willen! Was ist hier geschehen! Wer hat das getan?‹ Er konnte es nicht fassen, daß er es getan hatte, zumindest aber sein Zeigefinger. Dann wollte er etwas sagen, aber es ging nicht, weil seine Luftröhre wie zugeschnürt war.

Petruchas Gesicht lag im Schlamm. Er rührte sich nicht, verhielt sich schweigsam. Was hätte er auch reden sollen! Die Farben der Vogelfedern aufzählen? Seine Gefühle beschreiben, als ihm die ersten Barthaare wuchsen?

Stenka ließ sich auf ein Knie herab. Seine Hand zuckte nach vorn, um den Körper des armen Mannes zu berühren. Wenige Zentimeter davor schreckte sie aber zurück. Ein Kollern und Glucksen war zu hören. War es der Schlamm? War es Petrucha? Immerhin war es ein Geräusch, ein deformierter, zersplitterter Laut, und dieser gab Stenka das Situationsbewußtsein zurück. Er packte den Liegenden, griff fest zu, krallte die Finger in seine Pelzjacke und versuchte, ihn auf trockenen Boden zu zerren. Als ihm das nicht gelang, als er merkte, daß er zu schwach für ein solches Unternehmen war, begnügte er sich damit, den Verwundeten auf den Rücken zu legen. Erschöpft richtete Stenka sich auf. Er mußte die Augen schließen. Die Bäume begannen sich für ihn zu drehen. Seine Zunge drückte gegen das Zahnfleisch. Der Hunger ließ sich nicht abweisen. Der Hunger folterte ihn.

So öffne doch die Augen! Überall liegt Eßbares herum. Die Erde läßt keinen verhungern. Auch hier. Auch hier im Morast kannst Du etwas finden. Öffne die Augen. Vor Dir liegt einer, sieh ihn Dir genau an. Er hat sich einen Strick um den Körper gewunden. Was hat er mit dem Strick eingeklemmt? Ist das nicht eine Kalmuswurzel …?

Stenka öffnete die Augen und blickte auf den Mann zu seinen Füßen. Er mußte noch leben, denn für eine Sekunde wurde Petruchas Zungenspitze sichtbar, mit der er das Blut zu einem Mundwinkel hinausdrückte. Stenka starrte auf eine verschmutzte Kalmuswurzel an der Pelzjacke des Alten. ›Es hat keinen Zweck,‹ dachte er, ›ich kann ihm nicht helfen. Wenigstens nicht in diesem Zustand. Ich kann ihn kaum von der Stelle bewegen. Jetzt muß ich vernünftig sein, jetzt …‹

Der Alte lag vor ihm mit geschlossenen Augen, atmete kaum. Stenka beugte sich über ihn und zog an der Wurzel. Der Strick gab sie nicht so ohne weiteres preis. Er zog heftiger: die Wurzel zerbrach. Hastig nahm er ein Stück davon auf, trat mehrere Schritte zurück, kehrte sein Gesicht von der Stelle ab, auf der der Mann lag, säuberte die Wurzel an seinem Hosenbein, biß gierig ab und kaute knirschend. Der helle, nervöse Warnruf eines Haubentauchers ertönte in seiner Nähe. Stenka, die Zähne in der Wurzel, wandte den Kopf. Dabei streifte sein Blick den Liegenden. Die Zähne ließen augenblicklich die Wurzel frei. Petrucha lag immer noch schweigsam da, aber ein Auge, das Auge nämlich das unversehrt war vom Morast, ruhte auf Stenka, ruhte auf dem, der da aß. Man hätte nicht sagen können, daß in diesem Auge ein besonderer Ausdruck gewesen wäre. Immerhin aber, immerhin hat jedes menschliche Auge einen Widerhaken. Und diesen Widerhaken, der im Blicke des Alten lag, bekam Stenka zu spüren. Der plötzliche Schmerz, der entstand, nachdem sich der Blickwiderhaken ins Fleisch eingelassen hatte, bewirkte, daß der Mann, der von der Kalmuswurzel abgebissen hatte, zunächst einmal versuchte, das, was er gestohlen hatte, zu verbergen. Mit trostloser Verlegenheit, ein um Verständnis bittendes Lächeln in den Mundwinkeln, das hier leicht mit einem zynischen Grinsen verwechselt werden konnte, bemühte er sich, die Hand, die die Wurzel hielt, hinter den Rücken zu schieben. Petrucha bewegte sich nicht. Stenka, hilflos, hoffend, jetzt könne ein Wort fallen, ein Wort, das ihn erlöste und des Handelns fähig werden ließe, konnte, obschon er zwei Augen hatte, dem Blick dieses einen nicht standhalten.

Da wimmerte der Alte und hob seine Hand. Er wollte Stenka winken, aber es war keine Kraft mehr da, die Hand fiel müde in den Schlamm. Hinter dem Rücken ließ Stenka die Wurzel fallen und zertrat sie mit bloßem Fuß. Dann stürzte er zu dem Verwundeten, warf sich neben ihn hin, säuberte sein verschmutztes Auge, fiebernd, keuchend. Nun erst begriff er eigentlich, was vor ihm geschah, nun erst. Sein enges, ordentliches, harmloses, numeriertes Schulmeisterhirn begann erst jetzt zu funktionieren. Er öffnete den Knoten des Stricks, riß die Pelzjacke des Armen auf, besah sich die gelbe Haut. Nichts zu finden. Die Einschußstelle war ja auf dem Rücken! Daß

eine Kugel zuweilen im Körper, daß sie sich da sogar wohlfühlen kann, darauf kam er natürlich nicht. Er nahm den Kopf
in seine Hände, den verschmierten, haarverwilderten Kopf
Petruchas, hob ihn etwas hoch, beguckte ihn, bestaunte ihn
und bettete ihn auf sein schwarzes Taschentuch. Und Petrucha röchelte dazu. Er konnte sich ja nicht wehren. Der Lehrer
richtete sich auf und blickte ratlos in die Runde.

»Was – will der – Habicht – hier, – Du mein – Jesus – « lallte
Petrucha.

»Habicht?«, fragte Stenka, »wo ist ein Habicht?«

Er blickte nach oben, entdeckte zwischen den Wipfeln der
Kiefern den Morgenhimmel.

»Es ist ja gar kein Habicht zu sehen.«

»Schlag den Habicht tot,« lallte Petrucha.

Stenka warf sich neben ihm in den Schlamm, riß einen Fetzen vom eigenen Hemd ab und säuberte die Mundwinkel des
alten Mannes von Blut.

»So,« sagte er in einem Tonfall, als ob er den Armen von den
größten Schmerzen befreit hätte. »Jetzt geht es schon, gleich
wird es noch besser. Ich werde nach Pekö laufen und einen
Arzt holen.«

»Der Habicht soll verschwinden,« lallte Petrucha.

»Aber es ist ja kein Habicht zu sehen. Sie haben Fieber. Ich
werde versuchen, Sie auf trockenen Boden zu bringen.«

Er bückte sich, um Petrucha an den Schultern hochzuheben.
Der Alte machte einen Versuch, den Kopf zu schütteln. Es ge-
lang ihm nur halb, aber es reichte aus, daß Stenka von seinem
Vorhaben abließ.

Petrucha schloß die Augen. Seine Lider zuckten.

Im nahen Schilf erhob sich surrend eine Wildente. Jetzt war
der Morgen da.

Stenka sah sich prüfend um, ob doch nicht irgendwo ein Habicht zu entdecken sei. Er wenigstens bemerkte keinen. Der Alte begann etwas zu murmeln, das aber nicht zu verstehen war.

»Sagten Sie etwas,« fragte der Lehrer besorgt. »Haben Sie einen Wunsch? Kann ich etwas für Sie tun?«

Petrucha öffnete die Augen und sah ihn eine Weile schweigend an. Dann lallte er in kurzen Stößen:

»Sag meinem Bruder – sag dem Holzschiffer – ich hab Durst – Du mein Jesus – sag – meinem – Bruder« – kurzes Röcheln, der Körper wurde von einem Krampf geschüttelt – »er soll aus seinem Versteck hervorkommen – der feine Bruder – er braucht keine Angst mehr zu haben – vor mir nicht – und vor der Axt – nicht – er – hat – ein gutes Versteck – er soll es« – die Zungenspitze stieß Blut zum Mundwinkel hinaus – »nicht verraten soll er das gute Versteck – – – Jag' den Habicht weg – warum sieht er mich so an? – Ah!«

Stenka wagte nichts zu sagen, er wagte auch nicht, sich zu bewegen.

»Geh jetzt,« lallte Petrucha, »und sag meinem Bruder – er hat ein gutes Versteck – wirst Du ihm das sagen? Du sollst ihm nichts tun – dem feinen Holzschiffer –« er schwieg.

»Wo wohnt Ihr Bruder?« fragte Stenka.

Der Alte nickte.

»Wohnt er in Pekö?« fragte Stenka.

»Überall,« sagte der Alte und warf den Kopf auf die Seite. Stenka gab sich nicht zufrieden.

»Ich werde zu ihm hingehen und ihm alles ausrichten,« sagte er. »Ich muß aber wissen, wo er wohnt. Zumindest muß ich seinen Namen kennen. Sonst finde ich ihn ja nicht.«

Petruchas Gesicht bekam einen stieren Ausdruck, man hätte

meinen können, er dächte nach. Plötzlich gurgelte er aus seiner bluterfüllten Mundhöhle einen Namen heraus. Wer diesen Namen nie zuvor gehört hatte, hätte ihn nicht verstehen können. Stenka kannte diesen Namen, und er verstand ihn sofort. Er hieß: Matowski!

Der Lehrer dachte ›Matowskis gibt es viele ... jetzt soll man erst den richtigen herausfinden ... Der Blumenhändler kann es nicht ... Mein Gott! .. War er nicht früher Holzschiffer gewesen? ... Hatte Roskow das nicht gesagt ... damals, als der Korporal dabei war? ...‹

Stenka sah auf den Alten, dessen Augen sich an seinen Lippen festgesehen hatten.

»Er ist tot! Dein Bruder ist tot! Sie haben ihn erschossen.« Stenka schrie es fast.

Petrucha drehte seinen Kopf auf die andere Seite und schwieg, sah den Mann, der vor ihm stand, nicht mehr an.

Stenka zitterte vor Unruhe.

»Ich werde nach Pekö laufen. Ich werde sofort einen Arzt bestellen. Bleiben Sie hier liegen. Sie brauchen sich keine Sorgen zu machen. Bestimmt nicht. Ich bin schnell wieder zurück. Wir werden Ihnen helfen. Ja.« Er warf einen ängstlichen, verzweifelten Blick auf den Alten und bewegte seine nackten Füße über den Schlammboden. Als er am Rande der Lichtung stand, bemerkte er zwei Männer, die sich leise unterhielten und die Fußspuren im Sande untersuchten. Einer von ihnen hielt an kurzem Halsband einen Bluthund.

NEUNTES KAPITEL

Resultate

So früh schon unterwegs?« rief Roskow von seinem Fenster hinab.

»Halts Maul,« brummte der Korporal. »Erstens ist es nicht mehr früh und zweitens scheint die Sonne. Kannst Du im Bett liegen bleiben, wenn die Sonne scheint?«

»Es kommt darauf an,« sagte Roskow und betupfte seine Bartflechte.

»Deine Sonne ist wohl Erna, wie? Was zeigt Dein Wecker?«

Roskow wandte den Kopf und sagte dann: »Kurz nach elf.«

»Dann haben wir ja noch etwas Zeit bis zur Ewigkeit. Gib mir einen Grünen.«

Der Korporal betrat fast gleichzeitig mit Roskow, der eine Treppe hinabstieg, das Lokal.

»War heute was besonderes los?«

»Wieso?« fragte der Korporal und beobachtete die Hände des Gastwirtes beim Einschenken.

»Na, – Bluthund und so.«

»Jemand wurde ermordet.«

»Ah,« machte Roskow. »Habt Ihr ihn schon?«

»Wen? – Erkki ist mit dem Hund unterwegs. Sie hatten eine Spur entdeckt. – Gib her!« Der Korporal ergriff das Glas.

»Wohl bekomm's.«

»Brrrr –, noch einen.«

»Die Spur führte bis zu diesem verdammten Bach. Dann hörte sie auf.«

»Er ist im Wasser entlang gegangen,« sagte Roskow eifrig.

»Ach nee,« meinte der Korporal, »glaubst Du, daß er ein Fußbad genommen hat?«

Der Gastwirt tat beleidigt und besah sich seine Fingernägel.

»Müßten bald einmal beschnitten werden, wie?«

»Wer?« fragte Roskow verdutzt.

»Die Judenkinder, die gestern geboren wurden.«

Beide Männer lachten. Roskow fand den Mut zu einer Frage:

»Wen hat er denn umgebracht?«

»Wen meinst Du eigentlich mit ›ER‹?«

»Ich denke mir, daß es ein Mörder ist.«

»Ach so. – Erkkis Braut wurde mit einer Axt erschlagen.«

»Manja?«

»Ja.«

»Großer Gott!«

»Was?«

»Barmherzigkeit.« Roskow wurde unruhig. Seine Finger spielten am Bierhahn.

»Und: ist sie tot?«

»Natürlich. Sie erhielt zwei Schläge. Einer hätte aber schon gereicht.«

»Und wo liegt sie?«

»Bei den Booten. Auf der Lichtung.«

»Werdet Ihr ihn finden?«

»Erkki ist unterwegs. Wenn der Junge ihn erwischt, macht er ihn kalt. Er weint fast vor Wut.«

»Wer?« fragte Roskow erregt.

»Erkki. Wer denn sonst? – Prost!«

»Wohl bekomm's.«

»Danke, danke. Es bekommt schon. Brrrr. Ich schicke gleich einige Leute hinunter. Sie müssen die beiden holen.«

»Die beiden?«

»Ja. Das Mädchen und den alten Petrucha.«

»Wieso den Alten? Hat er?«

»Nein. Er ist auch tot. Schuß in den Rücken.«

»Allmächtiger, das ist nicht möglich!«

»Was heißt: nicht möglich! Alles ist möglich. Der Mensch kann alles: es soll welche geben, die verschlucken einen entsicherten Revolver und …«

»Der arme Petrucha,« unterbrach Roskow. »Er wurde erschossen. Von demselben, der das Mädchen tötete?«

»Anscheinend.«

»Er war so lustig und zottelig wie ein Bär. Kanntest Du ihn?«

»Gib mir noch einen Grünen, den letzten, ich muß dann fort. Natürlich kannte ich den Alten. Es tut mir leid um ihn.«

»Wo habt ihr ihn gefunden? Auch auf der Lichtung?«

»Nein,« sagte der Korporal, »nicht weit davon entfernt. Er lag im Morast.«

»Ist er erstickt?«

»Ich sage Dir doch, daß er erschossen wurde.«

Die Unterhaltung wurde durch das luftarme, tuberkulöse Rasseln eines altmodischen Telefons unterbrochen. Roskow nahm die Hörmuschel ab und winkte dem Korporal, der zahlen und den Laden verlassen wollte, zu bleiben. Der Korporal gähnte und zeigte seine starken, gelben Zähne.

»Ja,« rief Roskow in den Apparat hinein, »ganz richtig – noch nicht vorbeigekommen – doch – gerade vorbeigekommen – ich werde das bestellen – ich werde mich beeilen – nachlaufen Herr Bürgermeister – jawohl – die Leute kommen – geht bestens in Ordnung – natürlich – ja, eben vorbeigegangen – nein –

muß – wie? – Hehehe – prrrt – wie? – Ach, ja – Guten Morgen – guten – wie? – Abgehängt.«

»Wer war denn das?« fragte der Korporal.

»Der Bürgermeister. Ihr braucht keine Leute mehr zu holen. Er will sie mitbringen. Außerdem wollte er wissen, ob einer von Euch – Erkki oder Du – gerade vorbeigegangen ist. Ich sagte: Ja, sagte ich, der Korporal ist eben vorbeigegangen. Ich soll Euch sagen, daß der Bürgermeister mit mehreren Leuten hierherkommen wird. Der Weg führt ja an meinem Gasthaus vorüber.«

Der Gastwirt blickte erwartungsvoll den Korporal an.

»Dann kannst Du mir noch einen Grünen geben, ich –« ein heftiger, feuchter Husten unterbrach ihn, der solange dauerte, bis sich irgendwo im Hals eine Schleimkette löste. Dabei japste der Korporal, krümmte seinen Rücken und fuchtelte mit den Armen in der Luft herum.

»Mein Gott, das ist aber eine Erkältung,« sagte Roskow.

»Quatsch doch nicht. Warum sagst Du eigentlich immer ›Mein Gott‹ oder ›Allmächtiger‹? Ich kenne Dich doch gar nicht so. Hat das etwas zu bedeuten? Weißt Du, was Gott ist?«

Eine Uhr schlug die halbe Stunde.

»Da, hast Du das gehört?« fragte der Korporal. »Das könnte Gott sein. – Aber wir werden ihn schon fangen.«

»Wen?« fragte Roskow naiv.

»Keine Angst«, sagte der Korporal und schnippte mit dem Zeigefinger einen Bieruntersatz vom Tisch herunter, »ich meine jetzt den, der das Mädchen und Petrucha umgebracht hat.«

»Wird jemand verdächtigt?«

»Ich glaube schon.«

»Der – Lehrer? Der ausgebrochen ist?«

»Wer denn sonst?! Hoffentlich kommen die Leute bald her. Wenn sie sich nicht beeilen, trinke ich eine ganze Flasche aus.«

*

Leo schluckte den letzten Bissen Rauchfleisch hinunter und wischte sich mit dem Handrücken über die Lippen. Er war allein. Rülpste. Dachte: ›Rauchfleisch schmeckt gut, bleibt nur oft zwischen den Zähnen sitzen. – Ich werde Erkki drei Tage freigeben müssen ... der arme Junge ... wenn wir das nur früher gewußt hätten ... zerquetscht hätte ich diesen Pinsel, diese schielende Henne ... Kam mir absolut harmlos vor, hilflos ... man lernt immer noch zu ... mit Geduld macht man Erfahrungen.‹ Wer zum Lernen mehr als zum Lehren taugt, weiß, daß er ohne die Demut nicht auskommt.

Der Riese erhob sich, lupfte einen Hosenträger an, der sich verklemmt hatte und strich mit seiner Tatze die Krümel vom Tisch. Er wollte singen. Als er entdeckte, daß es nicht so recht ging, pfiff er:

»Hoppla, hoppla, braunes Pferdchen,
Ziehe uns vor den Altar ...«

Dann gelangte er an eine Stelle, von der er annahm, daß er sie singen könne:

»Und das Bette und das Bette
steht ja schon für uns bereit,
drin ist's mollig, drin ist's drollig
und der schönste Zeitvertreib.«

Es war ein vergnügtes, heiseres Grunzen, das Leo hervorbrachte. Er fühlte, daß etwas Angenehmes in der Luft lag. Des Unheils war ja auch genug gewesen. Mit einem kraftvollen Schlag wurde die Kammertür geöffnet. Der Riese trat hinaus auf den Gang, und stellte sich vor den grünlichen Spiegel. ›Was für ein mächtiger Kerl ich bin, ei wei!‹ Er lächelte sein Spiegelbild an. Das lächelte zurück. Sein Auge blickte freundlichdrohend. Der Spiegel warf's zurück. ›Wie schlecht mein Kinn nur rasiert ist. Die Faulheit des Rasiermessers. Der Schalk im blendenden Blitz der Klinge. Öl ins Haar! Wellenglättendes, glänzendes Öl, Öl, das die Sonnenstrahlen knickt.‹

Vom Marktplatz drang unschuldiger Lärm von spielenden Kindern an Leos Ohr. Kleine dünne, durchsichtige Schreie, Schreie der Überraschung, der Wonne, der Furcht, der unbegründeten Furcht. Ah-Schreie, Hi-Schreie, O-Schreie. Die Kinder standen im Licht, bewegten sich innerhalb eines Lichtstrahls. Kinderschreie: funkelnder Tau des Trommelfells, auch des Trommelfells von Leo. ›Ein neues Hemd möchte ich jetzt tragen. Es macht mich stolz und gutgelaunt.‹ Leo zog die Lade einer Kommode auf, nahm ein Hemd heraus, ein weißes mit roten Streifen – und ging in seinen Blumenladen. ›Runter mit den alten Lumpen. Jeden Tag ein neues Hemd! Wenn man sich das leisten könnte!‹ Den herrlich gepolsterten Oberkörper des Riesen überlief eine Gänsehaut. Es war doch noch kühl im Schatten. Winzige Tücke des Frühlings. Das neue Hemd war gut gestärkt. Der Kragen, ha, prächtig. Und die Stulpen! Kurz, es war eine Lust.

Die kleinen Schreie der Kinder prallten gegen das Schaufensterglas. Leo bemerkte, wie er unter dem neuen Hemd eine Wandlung durchmachte. Ein Versöhnungsfanatismus ergriff Besitz von ihm, er verspürte den Drang, alles in der Welt einrenken zu müssen, was sich einst ausgerenkt hatte, was ausgerenkt worden war. Der wohltuende Einfluß eines Hemdes auf die Geister der Erde. Oder: Plünnen-Metamorphose.

›Ach wie wohl ich mich fühle.‹

Leo ging mit abgezirkelten Schritten an die Schaufensterscheibe, blickte mühelos durch das Glas. Der Regen war vorüber. Erfrischter blauer Himmel. Helläugiges Wunder. Schön. Sorglos-unbekümmert; heitere Naivität. Kein Himmel für Maulwürfe. Der Riese verließ den Laden und trat über die Schwelle seines Hauses.

»He,« rief er zu den Kindern hinüber.

Sie unterbrachen das lärmende Spiel.

»Kommt doch mal her.«

Alle zögerten. Manche sahen sich um.

»Habt Ihr Angst vor mir? Hahaha. Wer zuerst hier ist, erhält zwei Groschen.« In seiner fleischigen Pranke erklang kümmerliches Klimpern zweier Münzen. »Also, Achtung –«

Aus der Gruppe der Kinder löste sich ein ungekämmtes, geflicktes Bürschchen. Es näherte sich langsam dem Riesen.

»Warum läufst Du nicht?« rief Leo.

»Die haben ja Angst vor Dir.«

»So. Angst. Und Du hast keine Angst?«

Kopfschütteln.

»Na, komm mal her.« Er gab ihm die Geldstücke. »Kauf Dir was dafür.« Da entdeckte der Riese, daß dem Kleinen das linke Auge fehlte.

»Oh, was hast Du denn da gemacht?« – ›Kommst Du zu mir, weil Du mich nur halb siehst?‹

Der Junge antwortete nicht und lief zu seinen Gefährten zurück, die ihn sofort in die Mitte nahmen und ihn aufforderten, die Hand zu öffnen. Als sie die Geldstücke sahen, jubelten sie und rannten in eine Nebenstraße. Leo erinnerte sich, daß es dort Gummi-Bonbons zu kaufen gab.

»Ihr Rotzmücken,« grunzte Leo freundlich und drehte sich um. Er trat wieder vor den Spiegel, schnitt sich fröhlichfleischfarbene Grimassen, fand, daß er durchaus nicht zum alten Eisen gehörte! ›Blech! Fühle mich wie 27. Wenn ich sage, ich bin 27, dann bin ich 27! Jeder kann sein Alter bestimmen. Wenigstens solange er lebt, solange er hier was zu sagen hat.‹ – Die Lippen des Riesen spitzten sich wie zu einem Kuß, den man einer Großtante auf die welke Haut schmuggelt. Ihm fehlte etwas. Eine Blume? Richtig. Du hast doch den Laden davon voll, gehe hin und stecke Dir eine an, wenns Dich danach verlangt.

Leo holte sich eine Rose.

Seht ihn dort stolzieren, Rosen tun ihn zieren.

Wieder zog es den Riesen vor den Spiegel. Er äffte flüchtig hinein, zog den Kragen des Hemdes gerade, klatschte die Blume fest an und plusterte sich auf. Dann sah er sich unentschlossen um: Wohin mit diesen zwei Zentnern Männlichkeit? Man muß sie doch ins rechte Licht bringen! Sein Blick ruhte auf der altersschwachen Treppe, die zu Erkkis und dem Zimmer der Witwe führte. ›Hinauf! Dort sitzt eine arme, einsame Frau, die Du einst begehrt hast, als sie Dir noch Neues bieten konnte. Schämst Du Dich nicht, Leo? Gehe hinauf und leiste Abbitte. Tue Buße! Zögere nicht. Denke daran, wieviel Stunden, wieviel Tage und Nächte sie Dich glücklich gemacht hat. Jetzt sitzt sie den ganzen Tag in ihrem Kattunkittel auf dem Bett und heult. Armes Luder. Ich habe nicht recht gehandelt, als ich Dich verließ. Ich will Dich wiederhaben, Du sollst mich wiederhaben!‹

Leo, der fette, riesige Kerl mit dem Kinderverstand, schlich die Treppe hinauf. Er wußte, daß eine Stufe, wenn man den Fuß auf ihren Buckel setzte, besonders knarrte, er wußte jedoch nicht mehr, welche Stufe es war. Bemüht, unbemerkt nach oben zu gelangen, kam er auf die Idee, zwei Stufen auf einmal zu nehmen. Auf diese Weise, so dachte er, bleibe ihm die Möglichkeit, jene Stufe, die ungeduldig und verräterisch knarrte, auszulassen. Also zog er seinen mächtigen Körper am Geländer empor. Anscheinend mochte ihn das Glück, denn er erreichte das Treppenende, ohne einen Knarr-Laut verursacht zu haben.

Mit der Türe zu Erkkis Kammer spielte die Zugluft.

›Erkki ist nicht da. Ganz angebracht,‹ dachte Leo. ›Sie verhält sich ja absolut ruhig. Das Schlüsselloch‹ – er beugte sich herab – ›pch, sie hat es zugestopft. Ob ich klopfe? Ob ich einfach mit dem Finger gegen ihre Tür klopfe? Ja, warum denn nicht? Das ist doch das Einfachste von der Welt. Es gehört sich so. Wird die überrascht sein. Wahrscheinlich wird sie glauben, ich wollte ihr ein Rezept gegen kalte Füße im Frühling zuflüstern.‹

Der Riese pochte an die Tür.

»Warten Sie einen Augenblick,« rief die Frau nach zwei Sekunden, »nur einen Augenblick, ich bin ja gleich da, – so.«

Sie öffnete und erblickte Leo. Sie hatte, als sie ihm in das Gesicht sah, sofort das Gefühl, daß er nicht gekommen war, um ihr, im Anschluß an den Vorfall im Laden, sein Haus zu verbieten. In den Augen der Witwe leuchtete der erspähte Vorteil. Dennoch drückte sie sich zur Seite, sah scheu und mißtrauisch zu ihm auf. Er beachtete sie kaum – weniger aus Stolz als vor Verlegenheit – und schritt gravitätisch an der spärlich bekleideten Frau vorüber. In der Mitte des Zimmers blieb er stehen, vergewisserte sich und stellte mit Genugtuung fest, daß kaum etwas verändert war, seit er das letzte Mal hier oben gewesen: die beiden altmodischen Stühle vor dem Fenster, das hochbeinige, fast rachitisch aussehende Bett an der Wand, das kleine Tischchen vor dem Spiegel in der Ecke. Leo hatte das

Gefühl, als ob in der Zwischenzeit nichts geschehen wäre. Der unveränderte Raum machte ihn glauben, daß man Gefühle konservieren, einpökeln kann. Sie stand an der Tür und starrte auf seinen mächtigen Rücken. Blitzschnell drehte er sich um, sah ihr lange in die Augen, lächelte mild, fast schläfrig, und sagte:

»Eigentlich ist es zu spät, einen Guten Morgen zu wünschen. Hm. Aber man kann sich ja vorstellen, daß die Uhren faul waren, nicht?« Er lachte lauter. »Und wenn man sich das vorstellt, kann man doch Guten Morgen sagen.«

Sie blickte auf ihre Fußspitzen und bewegte die Zehen in den ausgetretenen Filzlatschen und wußte genau, warum sie nicht den Mund auftat.

Nach einem Seitenblick sagte Leo: »Was ich heut früh im Laden sagte, ist Quatsch.«

»Was denn?« fragte sie und heuchelte Vergeßlichkeit.

»Verduften ... Der kleine Aati war doch dabei. Ich meinte das nicht so. Das war nur die Wut in mir.«

Sie lehnte sich gegen den Türpfosten, bog den Kopf zurück, atmete schwer und schloß die Augen. Diesen Moment benutzte Leo, um sich ihr etwas zu nähern. Dann sprach er weiter: »Dieses kleine, hinterlistige Rebhuhn hat mich durch seine Fragerei so in Wut gebracht.«

»Welches Rebhuhn?« fragte sie, ohne die Augen zu öffnen.

»Ich meine Aati. Ich habe ihn im Verdacht, daß er die Menschen quälen will durch seine Fragen. Er ist eine kluge Misthenne. Er weiß fast alles. Ich mochte ihn noch nie leiden. Er will uns nur aushorchen und in Verwirrung bringen. – Ich habe Dir was mitgebracht.«

Sie öffnete die Augen, veränderte jedoch nicht ihren Stand.

»Du hast doch Rosen so gern.« Leo wand die Blume aus dem

Knopfloch. »Ja,« sagte sie leise und schloß wieder die Augen. »Gib sie mir.«

Er ging, das ramponierte Feudalgewächs in der Pranke, auf sie zu.

»Hier.«

Sie streckte die Hand aus, nahm die Blume in Empfang. Leo beobachtete, wie sich ihre Brust hob und senkte.

»Soll ich andere raufholen?« fragte er plötzlich.

Sie schüttelte den Kopf.

»Bleib hier. Setz dich doch. Nicht aufs Bett. Auf den Stuhl. Man sitzt dort bequemer. Das Bett ist zu hoch.«

Er blieb vor ihr stehen.

»Warum gehst Du nicht?« fragte sie mit geschlossenen Augen.

»Sitzen macht müde,« grunzte er freundlich.

Sie lächelte. Einst mußte sie eine passable Erscheinung gewesen sein.

Er stand vor ihr wie ein unentschlossener Ochse vor einem schmalen Wassergraben, über den man nicht einmal springen muß, den man nur zu überschreiten braucht, um auf die fette Wiese der Fröhlichkeit zu gelangen.

»Gib mir Deine Hand.«

Er schob ihr den fleischigen Greifer hin und sah zu, wie sie ihn umständlich liebkoste, über den fetten Handrücken strich, drückte, kniff.

»Ich wußte, daß Du wiederkommen würdest,« gestand sie leise.

»Ich auch,« sagte er mit abgewandtem Gesicht.

»Wollen wir alles vergessen?«

»Was? Ach so. Natürlich wollen wir alles vergessen. Nur eins nicht.« Er sah auf ihren Hals.

Ihr Schweigen nahm er als Frage hin.

»Daß heute schönes Wetter ist,« sagte er, »und daß wir …«

»Sei still,« sagte sie. Nach einer Weile öffnete sie die Augen und sagte:

»Setz Dich doch auf den Stuhl. Soll ich Dir etwas zu essen machen? Ich habe gutes Rauchfleisch da.«

»Nein,« sagte er, »ich möchte jetzt kein Rauchfleisch essen. Geht es Dir auch so, daß sich die Fasern zwischen den Zähnen festsetzen?«

»Ja. Aber eine Tasse Tee könntest Du trinken?«

»Das will ich tun,« sagte er, und ging mit langsamen Schritten zu einem der gepolsterten Stühle. Er dehnte sich, sah zum Fenster hinaus und nahm Platz. Die Luft über den Beeten flimmerte. Ein Glasscherben, auf den die Sonne fiel, zwinkerte grüßend zum Fenster hinauf.

»Es hat sich wenig verändert hier,« sagte Leo. »Gar nichts, möchte ich sagen.«

Sie bückte sich. Er sah unter dem Rand des Kattunkittels ihre weißen Kniekehlen.

»Über manche Dinge wacht man, damit sie an ihrem alten Platz bleiben. Wenn man sie bewegt, ist alles futsch.«

»Was: alles?« fragte Leo freundlich-lauernd. Er kannte die Antwort.

»Die Erinnerung, meine ich,« sagte die Frau.

»Bedeutet sie Dir viel?«

Sie hob den Deckel der Teekanne hoch und sprach: »Alles.«

Dieses Wort fiel in die Kanne. Die Frau schloß sie wieder und sagte: »Zwei Minuten muß er noch ziehen,« und setzte sich auf die unbequeme Bettkante.

»Du müßtest ein Paar neue Hausschuhe haben,« sagte er und blickte auf ihre ausgetretenen Filzlatschen.

»Ich habe doch kein Geld,« sagte sie.

»Ich habe wenig,« sagte Leo; es tat dem Geizkragen schon leid, das gesagt zu haben.

Sie saßen stumm nebeneinander. Sie sahen aneinander vorbei wie satte Hühner. Er dachte: ›Wenn ich jetzt nackt wäre … Gott sei Dank ich bin es nicht … wie komme ich nur darauf?‹

»Der Tee wird fertig sein.«

Leo richtete erwartungsvoll den Oberkörper auf.

»Du nimmst ja keinen Zucker.«

»Hast Du das behalten?«

»Ja.«

Sie stellte eine Tasse auf das Fensterbrett.

»Verbrenn Dich nicht, er ist noch heiß.«

»Der soll es wagen, mich zu verbrennen.«

Beide lachten. Er führte die Tasse zum Mund und trank schlürfend.

»Heiß ist er doch! Pff!«

»Er muß ja gekocht werden.«

»Damit er aufhört zu pennen, damit er erwacht und aus seinem trocknen Bauch Teegeschmack absondert. Hab ich recht?«

»Ja,« sagte sie, setzte sich wieder auf die Bettkante und ließ die Füße herabbaumeln.

»Weißt Du was«, sagte er.

»Nun?«

»Wenn ich den Tee getrunken habe, ziehst Du Dich an und wir beide gehen zu Kikuonen und kaufen Dir neue Hausschuhe. Willst Du? Kommst Du mit?«

»Ich möchte schon, aber …« Sie unterbrach sich und hob lauschend den Kopf.

»Was ist denn?« fragte der Riese.

»Ich glaube, da ist jemand auf der Treppe. Eine Stufe knarr-te.«

»Wer sollte das schon sein?« beruhigte er sie. »Welcher Bulle wird hier herumschleichen. Erkki ist unterwegs, der kommt vorläufig nicht zurück. Und – Du weißt doch, daß Stenka …«

»Was ist eigentlich aus ihm geworden?«

»Das geht mich nichts an. Meinetwegen sollen ihn die Ha-bichte holen.«

»Ist er tot?«

»Das interessiert mich nicht.« Der Riese kratzte sich in der Achselhöhle.

»Wollen wir zu Kikuonen gehen? Dann mußt Du Dich aber umziehen.«

»Ich möchte, wie gesagt, schon hingehen.«

»Zerbrichst Du Dir den Kopf wegen des Geldes?«

»Ich hab doch keins.«

Er schmunzelte gönnerhaft. »Ich habe heute den Kindern eine Freude gemacht, warum sollte ich Dir nicht auch eine machen. Ich bezahle den Schwindel. Keine Angst. So teuer wird der Ramsch nicht sein. – Ziehst Du Dich an?«

»Wenn Du glaubst …«

»Ich glaube an das Mistbeet. Das hat mich noch nie ent-täuscht. Solche –« er machte eine kreisförmige Bewegung mit der Hand – »solche – mir war es so, als ob gerade die Treppe geknarrt hätte.«

»Siehst Du. Ich hörte es doch auch.«

Mit einem Satz stürzte der Riese zur Tür und riß sie auf.

»Unsinn, hier ist niemand zu sehen. Unsere Ohren sind heute wohl spaßig aufgelegt. Sie wollen uns wohl etwas vor-machen. Weißt Du, wer das war?«

»Nein,« sagte die Witwe mißtrauisch.

»Das war die Luft,« sagte der Riese und schloß die Tür von innen. »Sie hat sich mit Regen so voll gefressen, daß sie fast platzt. Wie ein tonnendicker Mönch, weißt Du. Eben wollte sie die Treppe hinaufkommen und ist dabei, ist – ja – was kann sie denn sein? Was könnte ihr passiert sein? Ausgerutscht? Die Luft? Gestolpert? Ist ja vollkommen schnuppe, piep-egal. Lassen wir das.« Er lachte rasselnd, und scheuerte mit dem Handrücken das unrasierte Doppelkinn.

»Soll ich mich also umziehen?« fragte sie.

Er tat erstaunt. »Ich warte doch darauf,« sagte er.

Sie zögerte.

»Hast Du etwa Angst, weil ich hier bin?«

»Nein, das eigentlich nicht. Es ist schon so lange her.«

»Genierst Du Dich?«

»Vielleicht,« sagte sie schmollend. Sie schleuderte einen Pantoffel unter das Bett.

»Der Anfang wäre gemacht,« grinste der Riese.

Sie schleuderte den zweiten Pantoffel vom Fuß.

»Wir sind schon mittendrin,« kommentierte Leo.

»Weiter gehts nicht,« sie sah ihn hilflos an.

»Soll ich mich umdrehen?«

Die Witwe überlegte, dann sagte sie: »Versprichst Du mir …«

»Ich verspreche.«

Er kehrte ihr den Rücken zu und wartete. Warum sollte er dieses Versprechen nicht geben, zumal da er im Spiegel alles sehen konnte, was sein Herz begehrte.

Wenn Leo, als er, im Glauben, die Treppe habe geknarrt, nicht nur auf den Flur hinunter, sondern auch auf Erkkis Tür gesehen hätte, dann wäre ihm vielleicht aufgefallen, daß diese Tür jetzt geschlossen war. Wenn die Zugluft sie zugeworfen hätte, wäre es vermutlich nicht ohne Bums abgegangen. Die

Tür war zwar schnell, aber auch behutsam geschlossen worden. Der Mann, der angstvoll die Treppe heraufgekommen, der bei jedem Geräusch zusammengefahren war, wie die empfindlichen Fühler einer Weinbergschnecke; dieser Mann, vom Hunger und von der Aussichtslosigkeit seiner Unternehmungen gequält, war Stenka. Er hatte, obschon er in dem Mann, der auf der Lichtung den Bluthund führte, Erkki erkannte, die Zuversicht, daß dieser Junge ihm wieder helfen würde. Er glaubte es, weil er nicht wußte, daß auf ihm der dringende Verdacht lag, das Mädchen, Erkkis Braut, getötet zu haben. Als der Bluthund ihn zu schmecken begonnen hatte, war er in großem Bogen um die Lichtung gestolpert, hatte den Bach erreicht, das kleine, mürrische Gewässer, war in ihm, bis zu den Hüften im Wasser, ein Stück stromaufwärts gegangen und war auf ungefähr dem gleichen Weg, den er benutzt hatte, als er zum ersten Male floh, an den hinteren Gartenzaun gelangt ...

›Es hat keinen Zweck, für den Alten einen Arzt zu holen ... sie werden ihn schon gefunden haben ... seine Kalmuswurzel ... Erkki ... er wird mir weiterhelfen ... er wird mir sagen, was ich tun soll ... ich werde in sein Zimmer gehen ... werde dort warten ... auf ihn ... auf den einzigen Menschen, der mir wohlgesonnen ist ... Was sollte ich sonst tun ... hingehen und mich stellen? ... das Auge ... die Kalmuswurzel ... vielleicht kann Erkki mir etwas Brot geben ... wenn die Frau nur auf ihrem Zimmer bleibt ...‹

Stenka hatte sich, nachdem er sicher war, daß niemand ihn beobachtete, über den Zaun geschwungen, hatte die grüne Tür geöffnet und war zu Erkkis Zimmer hinaufgestiegen. Als er durch die dünne Seitenwand Leos Stimme hörte, erschrak er so sehr, daß er das Haus sofort wieder verlassen wollte. In dem Augenblick aber, da er seine Hand auf den Drücker legte, wurde die Tür nebenan geöffnet. Es war zu spät. Er, Stenka, hatte sich einen guten Käfig gesucht.

Leise trat er an das Fenster und sah hinab in den Garten. Er hörte Leo sagen: »– ich verspreche.«

›Wenn Leo wüßte, daß ich hier bin ... wenige Meter nur von ihm entfernt ... wenn sie es wüßte ... sie wird mich bestimmt schon gemeldet haben ...‹

Stenka entdeckte einen Habicht unter dem blauen Himmel. Scharfe Augen. Gefiederte Bereitschaft. Düstere Freude.

Leo sagte laut: »Du bist jünger geworden.«

Sie stieß einen Ruf des Erschreckens aus.

»Bist Du nun fertig?«

Die Witwe wußte, daß er sie während des Umziehens im Spiegel beobachtet hatte. Sie wußte es von Anfang an. Es machte ihr aber nichts aus, weil sie dachte, solch eine Probe leicht bestehen zu können.

»Wollen wir jetzt gehen?« fragte Leo.

»Ich komme ja schon. So.«

Stenka vernahm, wie die beiden den Raum verließen und lachend die Treppe hinuntergingen. Seine schrägstehenden Augen verfolgten die kaum merklichen Bewegungen des Habichts. Plötzlich erschrak er. Den schmalen Weg, der bis an den hinteren Zaun des Gartens führte, kam Erkki herauf, in einer vorgestreckten Hand hielt er die Leine des Hundes. Der Bluthund, gelb und braun gefleckt, die lederne breite Nase gierig über dem Boden, zog ihn ungestüm voran.

›Warum sucht Erkki mich? ... Warum hilft er den andern, mich zu fangen? ... Sollte er ... ich könnte noch fortgehen ... durch die Vordertür ... vielleicht sucht er mich, um mir zu helfen? ...‹ Stenka konnte schon Erkkis Augenausdruck erkennen. Er wartete darauf, daß der Junge zum Fenster heraufblickte. Das geschah aber nicht.

Der Haken vor der grünen Tür flog auf, Erkki betrat mit dem Hund den mit roten, gebrannten Ziegeln ausgelegten Flur. Das Tier schlug an, wurde ungeduldig.

»Sei still!« rief Erkki, »Du mußt jetzt hier warten. Aber paß auf! Laß niemanden hier vorbei!« Er band den Hund am Geländer fest und stieg rasch die Treppe hinauf.

Stenka stand mit dem Rücken am Fenster, erwartete den einzigen Menschen, der ihm gewogen war.

Erkki öffnete nicht gleich. Er horchte lange. Dann stieß er die Tür mit dem Fuß auf und sprang hinter den Pfosten. Er rief: »Hier also bist Du! Du hättest mir nie entwischen können! Du undankbares Schwein! Mach Dich auf etwas gefaßt!«

Stenka sah den Revolver in Erkkis Hand. Er wußte beim besten Willen nicht, was das zu bedeuten hatte. Er erwartete den Schuß.

»Siehst Du ein, daß Du ein Schwein bist,« rief Erkki, »ein infamer Halunke? Jetzt entkommst Du mir nicht! Hattest wohl Angst vor dem Mädchen, wie? Glaubtest wohl, sie könne Dir etwas antun? Du Feigling!«

In seiner Aufregung begriff Stenka nicht, was gemeint war. Worum es ging. Er machte große Augen, zitterte.

Erkki hob den Revolver und zielte.

»Das geht rascher,« sagte er gequetscht, »schmerzloser. Wie findest Du das? Hat man angenehme Gefühle dabei? Du könntest mir doch schnell noch sagen, wie einem dabei zu Mute ist?! Siehst Du Dein ganzes Leben an Dir vorüberziehen? Ist das wirklich so? – Sprich doch! Oder verschlägt Dir diese kleine Mündung den Atem? Du Feigling! Ein Mädchen umzubringen!«

Jetzt begriff Stenka, was hier vor sich ging. Er streckte in ungeheurer Furcht, am ganzen Körper bebend, beschwörend die Hände gegen den Revolver aus.

»Nein,« stammelte er, »nein, nicht. Nicht doch! Das ist ein Irrtum, Erkki. Schieß nicht. Schieß um Gottes Willen nicht. Du irrst Dich. Bestimmt. Es war alles ganz anders. Ich war es nicht. Ich habe das Mädchen nicht umgebracht. Ich nicht, Erkki! Ich hatte doch keine Axt. Sie ist doch nicht erschossen worden. Schieß nicht auf mich, Erkki! Tu das nicht!«

Er schloß vor Erregung und Erschöpfung für einen Augenblick die Augen. Erwartete immer noch den Schuß.

»Wie willst Du mir das erklären?« rief Erkki.

»Ich bin gespannt, welch ein Märchen Du Dir ausgedacht hast.«

Der Revolver senkte sich.

»Ich war es nicht Erkki, glaube mir, glaube mir um Gottes willen.«

»Wenn schon, dann um deinetwillen. Was hast Du also zu sagen?«

»Ich war es nicht Erkki, ich hab das Mädchen nicht getötet.«

»Weißt Du, wer dieses Mädchen war?«

»Ja Erkki, ich weiß es. Ich habe ihr nichts getan.«

»So. Wer war es denn?«

»Ich weiß es nicht.«

»So.« Der Revolver hob sich.

»Ich weiß es nicht, weil ich ihn nicht kenne. Er muß wahnsinnig gewesen sein. Er benahm sich so merkwürdig.«

»Er kann es nicht gewesen sein. Du lügst. Der Mann ist tot. Wir haben ihn gefunden.«

»Ist er schon tot?« Stenka fiel auf das Bett. Er konnte sich nicht mehr aufrecht halten.

Vorsichtig, den Revolver auf den Liegenden gerichtet, kam Erkki näher.

»Hast Du auf ihn geschossen?«

Stenka nickte.

»Und warum?«

»Weil – ich sah, – wie – er – das Mädchen –«

»Er hat es getan?«

»Mit der Axt.«

»Petrucha?«

»Ich weiß nicht, wie er heißt und wer er ist. Ich habe ihn nie zuvor gesehen. Ist er tot?«

Erkki antwortete nicht. Er dachte: ›Stenka sagt die Wahrheit … ganz gewiß … so muß es gewesen sein … fast hätte ich auf ihn geschossen …‹ Laut fragte er:

»Wann hast Du auf ihn geschossen?«

»Als er das Mädchen … und dann fortlaufen wollte. Ich rief: Bleiben Sie stehen. Er war wohl wahnsinnig. Er wollte nicht stehen bleiben. Ehe ich recht wußte, was geschehen war, hatte ihn die Kugel erreicht.«

»Du bist ihm dann gefolgt? Deine Spuren …«

»Ich wollte einen Arzt holen.«

»Wozu? Glaubst Du, daß ihm damit geholfen gewesen wäre?«

Stenka bewegte die Schultern. Leise sagte er:

»Er tat mir so leid, als er im Morast lag. Er faselte von seinem Bruder. Von Matowski. Ich sollte einen Habicht fortjagen. Aber es war kein Habicht zu sehen. Das Mädchen – muß – seine Stieftochter gewesen sein.«

»Warum?« fragte Erkki hellhörig.

»Bevor er sie niederschlug, sprach er davon. Die Narbe. Ihre kranke, magere Mutter. Eine nicht zu große, gelbe Schüssel. Die Narbe hinter dem Ohr –«

»Sprich nicht weiter,« sagte Erkki und verließ den Raum. Nach zwei Minuten kam er wieder zurück. Er hatte ein Stück Brot in der Hand und eine Scheibe Rauchfleisch.

»Da, iß.«

Stenka richtete sich auf, nahm die Eßwaren an. Er beleckte mit matter Zunge die Lippen und wollte hineinbeißen.

»Nein, steck das lieber weg,« sagte Erkki. »Du mußt später essen. Du kannst hier nicht bleiben, Du mußt sofort verschwinden.«

»Wohin?«

»Geh, wohin Du willst, hier kannst Du nicht bleiben.«

Erkki blickte, während er das sagte, zum Fenster hinaus. Vom Flur her drang das Murren des Bluthundes.

Stenka erhob sich mühsam und biß vom Brot ab. Er wankte zur Tür. Trat wortlos hinaus. Erkki kam ihm nachgestürzt und beruhigte den Hund. Der wandte nicht den Blick von Stenka, ließ ihn aber vorbei.

»Auf Wiedersehen, Erkki!«

»Du mußt versuchen, nach Westen und an die Grenze zu kommen.«

»Diesmal komme ich an die Grenze, ich weiß es bestimmt. Auf Wiedersehen, Erkki.«

»Sei vorsichtig. Gehe durch den Garten.«

Stenka trat in den Garten.

Von seinem Fenster sah Erkki ihm nach.

Blaue Heiterkeit des Himmels. Zwei braune Vögelchen an der Rinde des Birnbaums.

Erkki dachte: ›Du mußt gehen, Stenka, ... Du mußt zur Grenze kommen ... Manja ... Stenka ... Du gehst ja schon fort ... Mich quält jeder Abschied ... Stenka ... sei vorsichtig ... Armer Kerl ... grüße den ...‹

Stenka fror nicht mehr. Die Sonne hatte die Kruste des Bodens getrocknet. Er ging langsam, weil er müde und hungrig war. Ein Schmetterling torkelte vorüber, kam zurück, flog dicht über Stenkas Kopf, ließ sich jäh nieder auf eine Kohlpflanze. Wippte mit dem behaarten Körperchen. Freute sich über das warme Licht. Wippte, wippte.

›Als Du die Drahtrolle holen solltest, weißt Du es noch? Erinnerst Du dich? Das ist der Schuppen. Windschief. Regenschief. Altersschief.‹ Stenka sah auf den Schuppen. ›Jetzt gehst Du zum letztenmal hier vorüber, willst vorübergehen, bist ja noch nicht vorbei.‹

Das Zahnfleisch schmerzte. Dem Magen war das gleichgültig. Er wollte das Brot und das Rauchfleisch. ›Siehst Du, nun bist Du schon auf der Höhe des Schuppens, gleich vorbei. Wenn man nicht aufgehalten wird, kommt man an allem vorüber. Alles bleibt hinter uns. Immer nach vorn. Das ist der Mensch: aufrecht, erhobenen Kopfes, zwei Augen. Augen, die nun einmal vorn sind. Durch die Dunkelheit zum Licht. Am Schuppen vorüber. Gleich, Stenka. Das Licht ist im Westen. Dein privates Morgenrot. Naturverkehrt.‹

Er blieb stehen, biß in das Rauchfleisch und zog mit den Zähnen einige Fasern heraus. Schmeckt es nicht besser als die Kalmuswurzel? Das kann man nicht so ohne weiteres sagen, dem Fleisch fehlt der Saft. Den haben der Rauch und die Hitze zum Schornstein hinausgejagt. Nichts ist vollkommen. Wer das eine liebt, muß, wenn er es besitzen will, auf ein anderes verzichten.

›Ich muß mich beeilen … auf keinen Fall darf ich langsam gehen … schnell hier fort … das Rauchfleisch kann ich auch später essen … aber wohin? … wohin soll ich gehen? … Es ist gar nicht so einfach, wenn man sich selbst überlassen ist … ein schönes Gefühl, ja … aber wozu? … so weit hat man uns gebracht: daß wir uns wohlfühlen im Käfig der Regeln, daß wir mit wollüstigem Schmerz auf die Knute der Bestimmungen blicken … Das Fleisch wird schmutzig, wenn ich es in die Tasche stecke … ich kann es doch aber nicht ständig in der Hand halten … kein Wasser kommt aus ihm heraus, wenn ich es zusammendrücke … jetzt möchte ich etwas trinken …‹

Stenka fühlte, wie seine Füße immer schwerer wurden. Hinter der Stirn fühlte er ein dumpfes Brausen, ein schwaches Gewitter der überanstrengten Nerven; er stolperte vorwärts, immer nur vorwärts. Er erreichte den Zaun, streckte beide Hände aus, hielt sich an dem obersten Draht fest und schloß die Augen.

›Ich kann nicht mehr weiter, über den Zaun klettern kann ich nicht … beim besten Willen nicht … es ist mir auch egal … müde bin ich … unglaublich müde … Jetzt nur nicht stehen bleiben … um Gottes Willen nicht … ich muß doch weiter … Das Fleisch ist in der Tasche, ja …‹

Er hob den Fuß und setzte ihn 20 cm weiter nach links in das Gras. Dann zog er den anderen nach, während sich eine Hand im Draht festkrallte. Das versuchte er zweimal. Ein Schwindelgefühl erfaßte ihn, die Bäume standen nicht mehr aufrecht, der Weg lief plötzlich senkrecht in die Höhe, die Welt erlaubte sich einen Scherz. Stenkas Füße knickten zusammen. Die Finger lösten sich steif vom Zaundraht. Der ganze Mann fiel ins Gras. Für eine einzige Sekunde sprang in seine Mundwinkel ein winziges Lächeln des Behagens. Er atmete tief und regelmäßig. Schlaf Dich aus, Stenka, vielleicht kommst Du dazu. Vielleicht aber finden sie Dich auch hier. Im Schlaf überrascht zu werden, ist jedenfalls angenehmer, als …

ZEHNTES KAPITEL

Höchste Zeit

Der Bluthund knurrte, als Erkki langsam die ächzende Treppe hinabstieg. Der Junge wunderte sich nicht darüber, daß er an der Tür der Witwe ohne Zwischenfall vorbeigekommen war. Er dachte an nichts. Er lebte im Augenblick ohne jede Absicht. Blinzelnd sah der Hund aus gelb-braunen Augen zu ihm auf. Erkki legte ihm unabsichtlich die Hand auf den harten Schädel.

»Du stinkst,« sagte er, »Du stinkst nach Blut und Schmutz.«

Der Hund wedelte mit dem Schwanz.

»Du bist jetzt arbeitslos, vorläufig habe ich nichts für Dich zu tun.«

Der Hund knurrte.

»Was soll ich jetzt mit Dir machen? Am liebsten … ich werde Dich hinauslassen. Du findest Deinen Weg doch auch allein. – Deine Nase möchte ich haben. Deine unheimliche, unbezahlbare Nase. So, komm her.«

Der Hund knurrte.

Erkki band ihn los und zog das Tier mit sich.

»Nicht in den Garten, hier komm her! Im Garten hast Du nichts verloren und nichts zu suchen.«

Der Hund sträubte sich mitzugehen.

»Na gut,« sagte Erkki, »wenn Du nicht willst, dann kannst Du hier warten.«

Er ließ die Leine los, der Hund sah zu ihm auf, zitternd, zögernd.

»Mach doch, was Du willst.« Erkki betrat die kleine Kammer, aus der er sein Frühstück zu holen pflegte, und schloß hinter sich die Tür. Er lehnte sich mit dem Rücken gegen das Holz und lauschte. Der Hund knurrte nicht mehr.

»Na gut … wenn Du hier bleiben willst, dann bleibe hier. Verdammtes Biest … Hübsch bist Du nicht … Ich werde mir aber trotzdem ein Stück Fleisch abschneiden … Du glaubst doch nicht, daß ich deinetwegen hungern werde.«

Vom Marktplatz her drang das Knattern eines Motors in die Kammer.

›Viel Fleisch hat Leo mir nicht gelassen … der Geizhals …‹

Erkki aß langsam, er aß, obschon er keinen rechten Appetit hatte. Brotkrumen, die beim Abbeißen auf die Tischplatte fielen, scharrte er zusammen und begann, aus ihnen eine Teigkugel zu kneten. Die Oberfläche der Kugel verfärbte sich, sie wurde dunkler und dunkler.

So einmal die Welt unter den Fingern haben, sie im Handteller zu rollen, Unebenheiten zu glätten und dem willigen gefügigen Teig der Erde seine eigenen Schöpferlaunen einblasen. Die Erde müßte alle 60 Jahre neu geschaffen werden! Mit neuen Kontinenten, mit neuen Grenzen, mit neuen Häusern, Kiefern, Mohnblumen, Tauben, Weiden, Habichten und – mit neuen Menschen. Mit neuen Einäugigen, Funktionären, Verlegern und Amputierten, mit neuen Volontären, Sekretären und Hetären, – die Welt müßte sich, zu ihrem eigenen Heil, alle 60 Jahre frohgemut vernichten, und sie müßte aus einem göttlich-geologischen Donnerwetter alle 60 Jahre neu und ahnungslos entstehen; diese Welt, eine Brotkugel im Handteller Gottes, die des Überdrusses voll ist gegen sich selbst, die den Leichtsinn liebt, und die das Wunder belächelt.

Auf dem Flur begann der Bluthund wütend zu bellen. Erkki

hörte ein Schloß knacken. Kam ein Kunde? Wo ist Leo eigentlich?

›Ich muß in den Laden. Vielleicht will jemand Blumen haben.‹ Er erhob sich, legte Fleisch und Brot fort und trat hinaus. Vor ihm standen Aati, Leo und die Witwe.

»Hallo,« sagte der dürre Theoretiker, »gibt es was Neues?« Seine unbehaarte Hand schloß aus dem Ärmel hervor und strich dem Bluthund übers Genick.

»Was erzählen sich die Blumen, hm? Etwas aufgeschnappt von ihrem Geflüster?«

Leo reichte der Witwe einen kleinen Karton und gab ihr zu verstehen, daß sie nach oben gehen solle. Sie tat es. Drei Männer blickten ihr stumm nach, sahen zu, wie sie langsam, die Hüften hin und her drehend, die ächzende Treppe hinaufstieg. Als sie verschwunden war, trat Aati vor den grünlichen Spiegel, beklopfte mit den Fingerkuppen die linke Stirnhälfte und fragte mit geschlossenen Augen:

»Erkki?«

»Ja?«

»Habt Ihr ihn gefunden?«

»Wen?« Der Hund hatte sich auf den Steinboden gelegt und hörte zu.

»Ich will wissen, wo er jetzt ist. Er muß sich hier in Pekö aufhalten.« Der Kleine drehte sich um und sah Erkki lächelnd an. »Bist Du ihm nicht begegnet?«

»Nein.«

Der Bluthund knurrte.

»Du warst doch aber auf seiner Spur?«

»Ja. Seine Spur führte an den Bach. Da verlor ich sie. Er muß den Bach hinauf- oder hinabgewatet sein. Der Hund konnte nichts mehr entdecken.«

»Also hat er sich in eine Kiefer verwandelt oder in ein Huhn,« sagte Aati, »vielleicht sitzt er auch als Floh im Fell dieses Köters hier und hört zu, was wir reden?«

Leo fand das hübsch, er verbarg ein breites Grinsen hinter seinem Handgelenk.

Das Augenlid des Theoretikers begann zu zucken.

»Wollen wir uns nicht irgendwo hinsetzen?«

»Natürlich,« sagte Leo, »ich hab nichts dagegen.«

Sie betraten den Blumenladen; Aati und der Riese setzten sich, Erkki blieb stehen.

»Was sollen wir tun?« fragte der Theoretiker. »Was soll geschehen, wenn wir ihn nicht fangen? Es ist durchaus möglich, daß er uns entwischt.«

»Die Miliz müßte das rechte Ufer des Aruna-Sees kontrollieren,« sagte Leo. »Sie darf keine Maus durchlassen und erst recht keinen Menschen. Er wird wohl versuchen, über den See nach Westen zu gelangen. Das ist die einzige Möglichkeit für ihn zu verschwinden.«

»Wirklich?« sagte Aati.

»Ich kann mir das denken«, sagte der Riese und kratzte sich in der Achselhöhle.

»Was meinst Du, Erkki?«

»Es ist die einzige Möglichkeit, wenn er über den See kommt, ist er in Sicherheit. Es gibt keinen anderen Weg.«

»Das Ufer wird seit gestern früh kontrolliert,« sagte Aati. »Ich habe mir erlaubt, das zu veranlassen. Ich werde mir auch erlauben, ihm den Vortritt zum Strick einzuräumen. Ich stehe mit Haut und Haaren im Dienst der Höflichkeit. Wenn wir ihn nicht fangen …« der Kleine unterbrach sich und sah abwechselnd von Leo auf Erkki. Plötzlich schoß er einen Blick auf Erkki ab und sagte: »Wenn wir ihn nicht fangen, dann sind wir gezwungen anzunehmen, daß er mit jemandes Hilfe über die Grenze kam. Bleiben wir logisch! Der Einzelne, in diesem Fall Stenka, – so heißt er doch wohl – kann nicht … aber warten wir ab.«

Aati erhob sich, schneuzte sich in ein blaues Taschentuch und sagte: »Gegebenenfalls werden wir den Schuldigen zu finden haben. Ich bin sicher, daß dem Lehrer geholfen wurde. Was meinst Du, Erkki?«

»Ich glaube es auch.«

»Und Du?«

»Ich – kann es mir denken,« grunzte der Riese.

»Vielleicht,« sagte Aati langsam, »vielleicht sollten wir uns gleich auf die Suche machen. Wenn wir den kriegen, der an Stenkas Flucht schuld ist, dann haben wir einen zumindest gleichwertigen Fang gemacht. Wir wollen also unsere Augen aufsperren und die Ohren offen halten. Im Schlaf macht man nur unnütze Beute. Das Kissen, das man beim Erwachen in seinem Arm findet, ersetzt noch lange nicht das, was man im Traum zu besitzen glaubte. Wir können im Leben nur zweierlei verüben: Rechtes und Unrechtes. Aber wer entscheidet darüber, was recht und unrecht ist? Bleiben wir logisch – brr. Man kommt leichter zur Schuld als zu Hühneraugen. Die Schuld ist eine Art unvermeidliches Patengeschenk. Sehen wir uns dieses Leben genau an! Tun wir einmal einen tiefen Blick in dieses krabbelnde, wimmelnde Abenteuer der Zweifüßler. Was stellen wir fest?« Der Kleine machte eine lange Pause. Leo schluckte erwartungsvoll Speichel hinunter und sah düster auf den Theoretiker.

»Ja,« sagte Aati, »was stellen wir wohl fest? Jeder läuft mit der unsichtbaren Schlinge der Schuld am Halse, den Berg hinauf und hinunter. Jeder wird in der Sackgasse der Schuld geboren. Vor dem einzigen Ausgang, der ins Leben führt, steht eine riesige Mausefalle und lockt den Neuling mit einem Würfelchen

Speck. Aber reden wir nicht viel darüber. Wir können es uns nicht leisten, einen tiefen Blick ins Leben zu tun. Wer so etwas sagt, macht sich verdächtig. Zur Zeit haben wir andere Sorgen, andere Aufgaben. Ich wünsche, daß Ihr Euch bereithaltet, wir müssen diesen Mann fangen oder seinen Helfer. Zerbrecht Euch Eure harten Schädel, denkt nach, was zu tun ist.«

Der Kleine nickte leicht und verließ hastig den Blumenladen. Leo beobachtete ihn einige Sekunden durch die Glasscheibe. Dann drehte er sich stöhnend um und sagte:

»Mir wird's mulmig, Erkki! Dieser Gedankenspalter ist mir unheimlich. Ich muß erst einmal etwas essen, damit ich mich seelisch irgendwo anlehnen kann. – Warum sagst Du nichts? Zittern Dir die Knie? – Ich habe ihr ein Paar Hausschuhe gekauft, sie friert immer an den Knöcheln. Unterwegs traf ich natürlich dieses dürre Biest. Der ist immer im ungünstigsten Moment da. Aber warum sagst Du nichts?«

»Was soll ich sagen?«

»Er hat doch etwas gewittert.«

»Das weiß ich.«

»Na und?«

»Ich werde mich danach richten.«

»Verschwinden?«

»Vielleicht.«

»Dann weiß er, daß Du dem Schieläugigen geholfen hast. Du kannst nicht einfach abhauen, Erkki!«

»Er weiß es jetzt schon.«

»Glaubst Du,« der Riese scheuerte mit dem Handrücken sein Doppelkinn.

»Ich weiß nicht,« sagte Erkki, »ob es einen Zweck hat, wenn ich jetzt verschwinde. Vielleicht fangen sie mich auch. Dann ist alles aus. Aber solange sie mich nicht haben, gebe ich nichts auf. Ich bin jung und nicht so tolpatschig wie Stenka. Er ist alt und hat es auch nicht aufgegeben. Ob er es schafft, weiß ich allerdings nicht. Ich werde schon durchkommen.«

»Wohin willst Du?«

»Das weiß ich noch nicht.«

»Möchtest Du nicht erst einmal etwas essen? Ein Stück Rauchfleisch bringt Dich auf andere Gedanken, Erkki. Du siehst vielleicht alles etwas zu düster. – Das mit Manja tut mir übrigens sehr leid für Dich.« Der Riese trat an Erkki heran und bot ihm seine große, fleischige Hand. »Du kannst tun, was Du willst, Erkki, ich werde Dir keine Schwierigkeiten machen. Sehen wir uns noch?«

Erkki wehrte sich verzweifelt gegen Tränen. Als er fühlte, daß er unterliegen mußte, wandte er sich von Leo ab und stieg langsam die altersschwache Treppe zu seinem Raum hinauf.

›Leo ist besser als ich dachte … ein gutmütiger Riese .. alle laufen ihm weg – und er sagt nichts dazu … ihn kneifen zwei Zangen … Manja ist tot … mein Gott … so leicht sollen sie mich nicht haben … Stenka, der arme Hund … ihn werden sie schnell fangen … Wenn es Abend wird … wenn es erst dunkel wäre …‹ Erkki legte sich auf das Kistenbett und streckte die Füße aus. Er drückte den Handballen auf ein Auge, und als er ihn wieder hob, sah er, daß dieser feucht war. Er starrte auf seine eigene Hand, als ob er sie gerade an sich entdeckt hätte. ›Das ist meine Hand .. ich hab sie mir nie länger angesehen, weil ich keine Zeit hatte, weil sie mir gleichgültig war.‹ Erkki warf sich auf die andere Seite und versuchte einzuschlafen.

›Eine Hand … der Hebel des Gehirns .. der Bursche des Generals Kopf, die brave Zofe der Wünsche; die fünf Finger sind die Kommissare des Willens; eine Hand, die Hand eines

Menschen, ergreift und drückt man zum Gruß, – Steckkontakt für die Elektrizität der Herzen.‹

*

Der Nachtfrost kniff Stenka ins Fleisch. Ein scharfer Schmerz fuhr durch die Nervenstränge und erreichte blitzschnell das Gehirn. Der Schlaf zog sich zurück, der Schlaf gab einen Mann frei, der im frühlingsjungen, kühlen Gras lag, eine Hand unter dem Kopf, die andere, wie in großem Verlangen, in den Drahtzaun gekrallt. Stenka öffnete die Augen und bewegte sich nicht. Er lag immer noch in Leos Garten, an der Stelle, wo ihn die Erschöpfung von den Beinen gerissen hatte, wo ihm sein eigener Körper untreu geworden, wo er mir nichts, dir nichts desertiert war. Vor dem Mond standen Nebelwolken, feucht und kalt. Zwei, drei Sterne bemühten sich ehrgeizig, ihr zitterndes Licht hinabzuschicken. Unter dem Himmel herrschte die Ruhe: kein Wind, keine Schritte, kein Trommelschlag, keine Schüsse, kein Schrei. Stenka erhob sich und stützte eine Hand ins Gras. ›Jetzt schlafen sie alle, – niemand kann mich sehen – Erkki schläft – Leo schläft … die Witwe schläft … die Nacht ist die Freundin der Verfolgten … Ich hatte doch Fleisch in der Tasche .. Ich werde am Tage schlafen und nachts unterwegs sein … dabei kann mir nicht viel passieren. Wenn ich es so mache, werde ich es schon schaffen … ich hoffe es jedenfalls … was wären wir ohne Hoffnung?‹

Er fror an den Füßen, er nahm die Zehen zwischen die Hände und begann sie zu reiben. Es half etwas. Dann zog er das Rauchfleisch aus der Tasche, säuberte es und aß.

Ein Birnbaum ächzte im Traum.

›Jetzt über den Zaun. Der Schlaf hat mich erfrischt .. jetzt komme ich hinüber.‹

Stenka kletterte über den Drahtzaun. Es quietschte, aber niemand hörte das Geräusch. Einen flüchtigen Blick warf er noch zurück in den Garten, dann sprang er die Böschung hinab, erreichte unbehelligt die Straße und begann wild zu rennen. Er hatte Glück und gelangte nach anstrengendem Lauf auf den Feldweg, wo ihm vor kurzem der kleine Revolver losgegangen war. Hier erst wurde er langsamer, seine Lunge beruhigte sich, hinter den Schläfen besänftigte sich auch das Blut. Die Hitze, in die er durch den Lauf geraten war, verflog schnell. Er schlug den Kragen seiner Jacke hoch und steckte beide Hände in die Taschen. Er kam jetzt gut vorwärts und stand früher, als er angenommen hatte, vor dem kleinen, energischen Wässerchen, vor dem Bach, der an Roskows Gasthaus, unentwegt murmelnd, vorüberfloß.

›Wenn sie den Bluthund auf meine Spur setzen, finden sie mich bald … ich werde durch den Bach waten – ein gutes Stück .. das wird sie zumindest aufhalten.‹

Er krempelte die Hosenbeine auf und steckte eine Fußspitze ins Wasser.

»Brr …« Das Wasser war kalt. ›Es hilft nichts, ich muß hier hinein.‹

Stenka schloß die Augen und glitt in das eiskalte Bachbett. Das Wasser reichte ihm bis zu den Hüften. Die Lippen wurden blau, die Kiefer zitterten. Er griff nach seinem Taschentuch, in der Hoffnung, es noch trocken aus der Hose zu holen, aber es war schon zu spät. Die Strömung schob ihn vorwärts, die Strömung duldete ihn nicht auf einem Flecken. Die Strömung zerrte an ihm: sie wollte für Ordnung sorgen. Ordnung ist Bewegung. ›So, jetzt den ersten Schritt. Das Wasser ist höllisch kalt, der Grund sandig und weich. Was werden die Füße erleben, durch welche Abenteuer schreiten sie jetzt?‹ Etwas stieß gegen seinen Knöchel. Sofort blieb er stehen. Es war ein Fisch, aber Stenka wußte es nicht. Er horchte in die Richtung, wo das Gasthaus liegen mußte. Alles war still. Von dort her drohte ihm nichts. Langsam ging er weiter und setzte den Fuß zögernd auf den Boden. Die Kälte ließ nach. Er trat auf Steine und Äste, deren sich der Bach, auf strenge Reinlichkeit bedacht, nicht entledigen konnte, weil sie zu schwer waren oder eine zu sperrige Form besaßen. Schlinggewächse, von der Strömung zu ewiger, graziöser Fächelbewegung angehalten, legten sich um seine Waden. Sie konnten ihn nicht aufhalten. Wenn sie sein Bein nicht freigeben wollten, riß er sich gewaltsam los und zog dabei etliche Pflanzen mitsamt ihren Wurzeln aus dem Boden. Die kamen denn auch sogleich an die Oberfläche und wurden von dem Bach fortgetrieben wie lästiges Zeug. Der Bach wurde flacher. Das Wasser reichte Stenka nur noch bis zu den Knien. ›Noch hundert Meter … dort ist der Kiefern- wald … man kann ihn schon riechen … Wenn der Mond nur nicht durchkommt … sein Licht kann ich nicht gebrauchen … noch hundert Meter … hoffentlich hört das Sausen in meinem Kopf auf … ich kann es bald nicht mehr aushalten … das kann einem Menschen das Bewußtsein stehlen .. dieses verdammte Brummen im Hinterkopf, .. schnell, jetzt nur schnell weiter .. das Wasser scheint wieder kälter zu werden … des nachts ist es immer so … nachts kühlt alles ab … nur die Gefühle nicht. Die Gefühle werden in der Nacht munter … Wenn ich erst im Wald wäre … aber es ist ja gar nicht mehr so weit … größere Schritte könnte ich jetzt machen, der Bach wird immer fla- cher … er tut mir einen Gefallen damit … er hat ein Einsehen mit mir …‹ Stenka machte größere Schritte. Er setzte den Fuß nicht mehr so vorsichtig auf wie am Anfang und kam schnell voran.

›Siehst du, bald hast du es geschafft, bald, Stenka, noch zwanzig Meter. Du bist schon im Schatten der Kiefern. Viele Anstrengungen auf der Welt werden belohnt, warum sollten die deinen nicht belohnt werden? Du hast deinen Verfolgern ein Schnippchen geschlagen. Das hast du dir gut ausgedacht, und was man sich gut ausdenkt, hat manchmal Erfolg.‹

Plötzlich fand der rechte Fuß keinen Boden. Stenka bekam Übergewicht, zog das linke Bein nach, im Glauben für den stürzenden Körper einen Halt zu finden. Aber der linke Fuß fand auch nichts. Nasse Falle des Baches. Die Hinterlist eines kleinen Gewässers, seine scherzhafte Heimtücke. Stenka stieß einen verzweifelten Schrei aus, er konnte nicht schwimmen. Er fühlte, wie er hinabgezogen wurde. Er wehrte sich mit den Händen. ›Kein Grund ... hier muß ein Loch ... aaah ... aaah ...‹ Ordnung muß sein: die Strömung riß ihn schnell über die Tiefe, und unvermutet hatte er wieder Boden unter den Füßen. Er richtete sich auf. Seine Kleidung war vollkommen durchnäßt. Zitternd wankte er ans Ufer, erklomm es, fiel beinahe zurück, ließ sich auf alle Viere nieder und kroch in die warme Dunkelheit der Kiefern. ›Hier kann ich nicht bleiben ... ich muß weiter ... am See vorbei ... es ist ein langer Weg ... mir bleibt keine andere Möglichkeit ... hier würden sie mich finden ...‹

Stenka raffte sich auf und tastete seine Jacke ab. Nirgendwo eine trockene Stelle. Er zog die Jacke vom Körper, wrang sie aus und streifte sie sich wieder über.

›Später werde ich Gelegenheit finden, sie zu trocknen ... jetzt geht es nicht ... später ... später werde ich mehr Zeit haben ... viel mehr Zeit ...‹ Weiter ... fort von hier, fort über die Grenze, fort, fort aus dieser Welt. Auf eine andere Erde, nur fort. Immer vor den Jägern, nie ohne zwei Augen im Nacken, zwei Pistolenmündungen, zwei unbewegliche, stumpfe, geheimnisvolle Augen. – Wohin willst du? Jeder wird verfolgt; verfolgt von der Liebe, verfolgt vom Haß, verfolgt von allen möglichen Bedürfnissen. Du kannst nicht entfliehen, es hat keinen Zweck. Sie werden dir folgen bis an den Rand der Erde. Ihre Blicke reichen weit und ihre Kugeln sind unfehlbar. – Aber Gleichgültigkeit hilft dir nie. Stenka, ruheloser, ängstlicher, armer Kerl, du tollpatschiges Wesen: man muß sich den Verfolgern stellen. Wir müssen ausharren, bis sie in unserer Nähe sind, und dann mit gleicher Stärke antworten. Die Verzweiflung wird uns Kraft geben und unser Glaube wird sie lähmen. Wer sich verloren gibt, hat schon verloren. Wir gehören auf diese Erde, wir haben uns damit abzufinden. Aber es ist nötig, daß wir den Verstand anspitzen und den Instinkt schärfen.‹

Auf der Lichtung war niemand. Die Boote lagen kieloben im Sand. Unermüdlich warfen sich kleine Wellen an das Ufer, verrannen, zerrannen: mit beispielloser Geduld. Die Stille war Stenka unheimlich.

›Nur weg von hier … fort von dieser Lichtung … sie haben das Mädchen schon nach Pekö gebracht … Erkkis Mädchen … Manja … den Alten werden sie auch fortgebracht haben … man konnte ihn ja auch nicht im Morast liegen lassen …‹

Stenka schlug einen Bogen um die Lichtung, sehr aufmerksam, sehr leise, brach sich einen Weg durch das feuchte Unterholz und gelangte auf den Moraststreifen, der parallel zum Ufer des Sees lief. Zwischen den Zehen quoll der schwarze Teig der Erde empor, hinaufgedrückt durch das Gewicht des Körpers.

›Hier muß der Alte gelegen haben … ganz in der Nähe … seine Kalmuswurzel … sie werden ihn fortgebracht haben … übermorgen werden sie ihn begraben … ich kann nichts dafür … ich wollte nicht schießen … wenn jetzt jemand käme … mein Gott … wenn der Korporal plötzlich vor mir stünde …

mit zwei, drei anderen … weglaufen wäre sinnlos … was sollte ich dann tun? … Schnell weiter … fort von hier …‹

Er rutschte schräge über den Schlamm und fuchtelte mit den Händen in der Luft herum, um nicht zu fallen. Die nasse Jacke in der Rechten streifte oft den Boden. Das Leben im Schilf regte sich noch nicht.

Plötzlich stand Stenka vor einer kleinen verschwiegenen Bucht. Sie war nicht breiter als sechs Meter und reichte nicht weiter als zehn Meter in das Land hinein. Zu seinen Füßen wuchsen zarte Kalmuswurzeln, ihre schlanken Degenblätter zitterten. Bevor er sich einige von ihnen ausrupfte, horchte er lange in die Richtung, aus der er gekommen war. Unwillig knirschend lösten sich die feinen Spitzen aus dem Leib der Gewächse. Er aß sie nicht gleich, er bückte sich, spülte die Nahrung im Wasser ab und steckte sie in die Hosentasche.

›Hier wird sich der Alte seine Wurzeln gepflückt haben … an diesem stillen Platz … es ist schön hier … hier könnte man schon leben … man wäre unbehelligt … Für alle Menschen auf der Welt findet sich nicht solch ein Plätzchen … viele müßten darauf verzichten .. Das Wasser ist hier viel wärmer als im Bach … hier könnte man es schon aushalten …‹

Er trat in das Wasser und wusch sich die Füße. Der Schlamm ging leicht ab, er löste sich von selber. Das Wasser ist seine dienstbare Schwester. Neben Stenka wusch sich der Mond die gelben, milchigen Schenkel. Da Stenkas Füße im Wasser weniger froren als auf der Erde, beschloß er, die kleine Bucht zu durchwaten. Er tat dies ungleich vorsichtiger, als er es bei seinem letzten Wasserweg, im Bach, getan hatte. Einem geruhsamen Storch gleich, mit aufgekrempelten Hosen, die Jacke in der Hand, hob er einen Fuß aus dem Wasser, streckte ihn, durchbrach den nassen Spiegel und fühlte mit den Zehen nach dem Grund. Der war, Gott sei Dank, immer zu finden. Es roch stark nach Fruchtbarkeit und Verwesung, nach dem ABC des Lebens.

›Nanu, was ist denn das hier … das sieht ja aus wie ein Floß … das ist ja auch ein Floß … Ob es trägt? … Die Stämme sind dick genug … Wer mag sich dieses Floß hier verwahrt haben … der Alte vielleicht … dem kann man es schon zutrauen, daß er sich hier ein Floß versteckt hat … solch ein Ding könnt' ich gut gebrauchen … da ist auch ein Brett, mit dem man rudern kann … mit solch einem Floß könnte man einfach über den See fahren … und einen Umweg vermeiden … trägt es denn?‹

Stenka stellte zuerst einen, dann den anderen Fuß auf die zusammengeschlagenen Kiefernstämme. Sie schienen kaum beeindruckt durch das Gewicht des Mannes, sie tauchten nur wenige Zentimeter tiefer ins Wasser ein.

›Jetzt muß ich mich schnell entscheiden: wenn ich hier am Ufer weiterlaufe, werde ich vor Sonnenaufgang nicht die andere Seite erreichen … am Tage muß ich schlafen und mich irgendwo verbergen … mit diesem Floß würde ich vielleicht in zweieinhalb Stunden hinüberkommen … ich werde es aus dieser Bucht hinausschieben, das geht sicherlich ganz leicht.‹

Er griff unter die Balken, ruckte an und das Fahrzeug schwamm. Rasch entschlossen kletterte er hinauf, balancierte bis zur Mitte und ließ sich langsam nieder. Es ging prächtig. Das Paddel war leicht, und nach einigen Schlägen auf der linken und einigen auf der rechten Seite merkte Stenka, daß das Floß Fahrt machte und er sich bereits ein gutes Stück vom Ufer entfernt hatte. –

Nächtliche Silberstirne des Wassers. Fließender Rücken des Sees. Ein großer Vogel flog über das Wasser, stumm. Nur sein

Flügelschlag schuf einen dumpfen Ton. Der große Vogel flog zu seinem Nest.

Stenka dachte: ›Es war ein glücklicher Zufall, daß ich dieses Fahrzeug fand ... vielleicht rettet es mir das Leben ... Wahrscheinlich gehörte das Floß dem armen Alten ... ich konnte nichts dafür, daß die Kugel losging ... ich wollte es ja gar nicht ... Bald bin ich in Sicherheit ... auf der anderen Seite wird mich niemand vermuten. Wer sollte mir schon über das Wasser folgen? Wer? Die Boote liegen vollzählig auf der Lichtung.‹

Er stach das Paddel ins Wasser, tat einen Schlag und sah zurück. Er glaubte sich von seiner Phantasie gefoppt: hinter ihm schwamm ein Boot, nicht gerade im Kielwasser, aber doch nur so weit von seiner Fahrtrichtung entfernt, daß er erkannt werden mußte, wenn das Boot auf gleicher Höhe war. Stenka rieb sich die Augen, fuhr mit nassen Fingern über die heiße Stirn: es nutzte nichts, das Boot war da und holte ihn langsam ein.

›Nicht aufgeben ... den letzten Meter Freiheit verteidigen ... und wenn es sinnlos erscheint .. paddeln, paddeln ... mit allerletzter Kraft das Fahrzeug vorantreiben ... vielleicht haben sie mich auch noch nicht entdeckt ... es wäre durchaus möglich ... es ist ja dunkel ... man kann in der Dunkelheit nicht ebenso gut sehen wie am Tag ... das kann keiner ... auch die nicht, die hinter mir her sind ... jetzt nur fort aus ihrer Bahn ... das ist die einzige Möglichkeit ... ein Boot fährt viel schneller, als dieser plumpe Kasten ... Roskow ist ein Teufel ... der wird mich wohl gesehen und den Korporal auf mich gehetzt haben ...‹

Stenka ruderte aus Leibeskräften und versuchte, dem Fahrzeug eine andere Richtung zu geben. Er ärgerte sich über die Trägheit und das widerliche Beharrungsbedürfnis der Kiefernstämme. Es ging alles sehr langsam. Er schwitzte am ganzen

Körper und seine Brust schmerzte ihn. Da kam ihm ein guter Gedanke: er legte sich flach auf das Floß.

›So können sie höchstens einen schmalen Schatten erkennen … geb's Gott, daß sie ihn für einen treibenden Baum halten oder etwas Ähnliches …‹

Seinen Körper an die Stämme gepreßt, blickte er lange zurück. Das Boot fuhr geradeaus und machte die Kursveränderung nicht mit. Es schien sich sogar vom Floß zu entfernen. Stenkas Lippen bebten.

›Bald werden sie auf gleicher Höhe sein, und dann muß es sich herausstellen, ob sie mich entdeckt haben oder nicht …‹ Er hörte die Riemen in den Dollen knarren. Es wurde kräftig und gleichmäßig gerudert. Das Boot kam sehr schnell auf. Stenka glaubte einen einzelnen Mann zu erkennen. Ganz sicher war er aber nicht. Gemessen an der Geschwindigkeit, die er seinem Fahrzeug verleihen konnte, schoß das Boot vorbei. Eine Weile hörte er noch die Ruderschläge, dann war alles vorbei: das Zittern, die Angst, die Gefahr.

Zögernd ergriff er wieder das Paddel und richtete sich auf. Der Mond sah mit einer Na-siehst-du-Miene auf ihn herab und zog sich ein paar Wolken als Kälteschutz heran. Das Brett tauchte ins Wasser und warf dies nach hinten. So wirft man seine Sorgen und Qualen hinter sich, so entledigt man sich ihrer auf eine männliche, anständige Weise.

Stenka schloß die Augen. Das Wasser murmelte am Bug Unverständliches, zumindest etwas für ihn ganz und gar Rätselhaftes. Das Wasser murmelte eine uralte Geschichte, es wollte ein Geheimnis an den Mann bringen. Der Lehrer verstand diese Sprache aber nicht, er wollte einen Flecken, einen gefährlichen Flecken hinter sich lassen, er wollte den Raum verlassen, ihn ungültig machen, der Mann auf dem Floß glaubte, daß man die Welt von sich abschütteln könne, wenn man nur in Bewegung bliebe. Irgendwann sollte man ja doch wohl das Ende des Raumes erreichen: das Ende des Wassers, das Ende der Nacht, die Grenze der Gefahr. Sorgfältige, trübe Rechnung: den Raum, in den man uns geworfen hat, durcheilt keiner mit seinen Füßen.

Plötzlich knirschte Sand unter den Balken, das Fahrzeug schwankte. ›Sollte ich den See schon überquert haben? … sollte es tatsächlich so schnell gegangen sein .. mein Gott, das überrascht mich .. es sieht genau so aus, als ob ich am Ziel wäre .. am anderen Ufer … warum bleibe ich noch sitzen … der Tag kommt bald … ich muß verschwinden … wenn man eine Tarnkappe hätte … warum habe ich mir eigentlich noch nie eine Tarnkappe gewünscht … weil … ja …‹

Stenka erhob sich und massierte die steifen Beine. Es dauerte lange, bis sie wärmer und weicher wurden. Dann nahm er das Ohrläppchen zwischen die Finger und sah auf das Ufer. Seine Blicke drangen nicht durch die Dunkelheit, nicht durch die Büsche, nicht durch die Stämme der Kiefern. Er hat aber auch nichts anderes erwartet.

Als er an Land sprang, wippte das Fahrzeug. Er zog es weit auf den Strand hinauf, damit die Strömung ihm nichts anhaben könne. Das Paddel verbarg er im Schilf, ohne einen Gedanken daran, daß er es jemals gebrauchen würde. Er verbarg das Paddel, weil ihm sein erbärmlicher Instinkt dazu riet.

Wohin willst Du nun, Stenka?

›Ich werde geradeaus gehen .. ich werde solange gehen, bis der Wald zu Ende ist .. am Rande werde ich mich verbergen und die nächste Nacht erwarten … ich kann ja schlafen … Kalmuswurzeln habe ich auch noch … gut‹.

Ein schmaler, armer Weg wurde von ihm entdeckt, ein Anhalt für die Sohlen. Zu beiden Seiten des Weges standen schweigende Büsche, dicht beieinander, wie verwachsene junge Mädchen etwa, die sich in unschuldiger Demut zu ihrem Los bekannten und – wie in einem plötzlich erstorbenen Reigen – sich bei den Händen hielten. Vorsichtig ging Stenka weiter. Die Büsche streiften ihn manchmal, berührten seine Hose und seine Jacke, schlugen nach seinen Händen.

›Wenn die Sonne scheint, wird es wärmer ... die Sonne ... ist ... gut ... sie hat Mitleid mit vielen ... mir wird es wärmer werden ... und vielleicht läßt sie mich schlafen ...‹

»Stenka!«

Jemand hatte seinen Namen genannt, deutlich. Stenka wollte sich auf die Erde werfen, er erstarrte vor Schreck.

»Stenka!«

›Es hat keinen Zweck zu schweigen ... ich werde beobachtet ... jetzt haben sie mich ... ich werde laufen ... davonrennen ... ans Wasser ... zurück zum Wasser ...‹

»Stenka, warum hörst Du nicht?!«

›Das war doch Erkkis Stimme?! Aber wie sollte Erkki hierherkommen, ausgerechnet hierher, an diesen kümmerlichen Weg?‹

»Einen Augenblick, Stenka, ich komme gleich.«

Das war Erkki, seine Stimme konnte kaum verkannt werden. Stenka hörte ein Geräusch, das so klang, als ob sich jemand überflüssigen Wassers entledigt. Nach einer Minute trat Erkki hinter einem Busch hervor.

»Stenka, was tust Du hier?«

»Erkki! Mein Gott! Mir wäre fast das Herz stehen geblieben.«

»Vor Angst?«

»Ja. Ich dachte ...«

»Pssst! Wir müssen leise sein. Wer weiß, wer heute noch auf der Insel ist. –«

»Auf der Insel?« Stenka behielt Erkkis Hand in der seinen. Er schien sich daran zu wärmen.

»Ja,« sagte Erkki, »weißt Du denn nicht, wo Du bist?«

»Ich dachte, am anderen Ufer …«

»Dorthin müssen wir jetzt. Schnell, wir haben keine Zeit mehr. Die Mönche sind gewarnt. Sie wollen hierbleiben, sie fürchten sich nicht. Frag nichts. Komm!«

Erkki zog Stenka hinter sich her. Sie gingen nicht den Weg zurück, sondern brachen durch das Unterholz. Dann und wann erhob sich schreiend eine Raubmöve, – vor der Zeit. Als sie das Ufer erreichten, erblickte Stenka zuerst ein Boot.

»Bist Du schon lange hier, Erkki?«

»Nein. Spring nach hinten.«

»Kamst Du vor …«

»Ja.«

»Dann hast Du mich …«

»Was?«

»Als ich auf dem Floß war, überholte mich ein Boot. Ich glaubte zuerst, sie hätten mich schon. Dann ist das Boot aber doch vorübergefahren.«

»Achtung, ich schiebe es ab. Festhalten!«

Erkki drückte das Boot los, gab ihm einen starken Pull und sprang hinein. Er setzte sich sofort auf die mittlere Ducht und ergriff die Riemen. Willenlos sah Stenka zu, was hier geschah. Er war zu überrascht, zu verstört, als daß er gegen etwas hätte protestieren können.

Das Boot machte gute Fahrt. Es schoß unter Erkkis schnellen, kraftvollen Schlägen ruckweise vorwärts.

»Wohin fährst Du, Erkki? Wohin bringst Du mich?«

»Nicht nach Pekö.«

»Warum nicht? Warum bist Du unterwegs? Zu dieser Zeit?«

Erkki sagte: »Weil Du auch unterwegs bist. Ich … könnte Dich dasselbe fragen.«

»Das verstehe ich nicht.«

»Wir – bleiben jetzt immer zusammen, Stenka. – Wir haben einen gemeinsamen Weg.«

»Wohin? Das verstehe ich nicht.«

»Wo Du hinwillst, will ich auch hin. Ich muß verduften, wie Leo sagte, ich kann hier nicht länger bleiben. Sie sind hinter mir her … so wie sie hinter Dir her sind.«

»Weswegen, allmächtiger Gott? Warum denn nur, Erkki? Du hast ihnen doch nichts getan.«

»Deinetwegen.«

»Meinetwegen? Das verstehe ich nicht.«

»Du verstehst so manches nicht in dieser blöden Welt.«

Erkki lächelte grimmig. Schweiß glänzte matt auf seiner Stirn. Über dem See ruhte gelassen der Nebel.

»Aber warum denn meinetwegen, Erkki? Haben sie herausbekommen, daß Du mir geholfen hast? Ist der Aati dahinter gekommen?«

»Ja. Diese Misthenne – wie Leo sagte – ist dahintergekommen.«

»Erkki!«

»Brülle meinen Namen nicht so laut.«

»Erkki, halte an, höre auf zu rudern! Kehre um. Bring' mich nach Pekö! Du brauchst mich nur an der Lichtung abzusetzen. Hörst Du! Kehre um! Warum hältst Du nicht an?«

»Bist Du wahnsinnig, Stenka? Hat der Nebel Dir den Verstand gestohlen? Steige aus, wenn Du willst. Es ist nicht sehr gefährlich. Ich verbiete Dir nicht, während der Fahrt abzuspringen.«

»Bring mich nach Pekö.«

»Und warum?«

»Erkki, Du sollst keine Unannehmlichkeiten durch mich haben. Ich werde den Korporal aufsuchen, ich werde ihm sagen, wer ich bin.«

»Das brauchst Du nicht mehr zu tun. Dein Gesicht ist ihm bestens bekannt.«

»Du brauchst …«

»Wir brauchen jetzt einen klaren Kopf, Stenka. Glaubst Du, daß mir geholfen wäre, wenn sie Dich jetzt hätten …? Hast Du Hunger? Unter dem Sitz liegt Brot und Rauchfleisch. Auch eine Flasche ist dabei. Iß schnell etwas. Wir sind gleich da.«

»Wo?«

»Am anderen Ufer.«

»Ich gehe nach Pekö zurück und melde mich beim Korporal.«

»Du kannst auch zu Aati gehen, ich glaube, der schießt noch besser. Sein Revolver ist klein, aber zuverlässig.«

»Warum spottest Du, Erkki?«

»Weil Du Dich benimmst, wie eine junge Taube vor dem Nest des Habichts.«

Sie schwiegen. Die Dämmerung kündigte einen neuen Tag an. Das andere Ufer war nicht mehr fern. Verschlafen blies der Wind die Nebel auseinander. Der hoffnungslose Lockruf eines Seevogels hallte über das Wasser.

Erkki setzte die Riemen leiser ein. Der Nebel schlich sich davon wie eine gewaltige Katze.

»Wir sind gleich da.«

»Willst Du das Boot stehenlassen, Erkki?«

»Ja. Wenn Du aber meinst, können wir es auch zerhacken und als Brennholz mitnehmen.«

Stenka bemühte sich verzweifelt zu lächeln.

»Was machen wir, wenn wir da sind?«

»Weitergehen.«

»Wohin?«

»Nicht weit vom anderen Ufer entfernt ist die Grenze. Wir müssen noch heute morgen versuchen, hinüberzukommen. Die Posten werden jetzt müde sein. Manchmal schlafen sie, und ein Dieb kann ihnen die Stiefel ausziehen, ohne daß sie es merken. Vielleicht haben wir ein solches Glück. Aber Du willst ja nach Pekö zurück.«

»Du mußt mich verstehen, Erkki, ich wollte nur zurück, damit Dir nichts geschieht, Erkki. Sie woll'n Dir etwas tun, weil Du mir geholfen hast. Das kann ich nicht zulassen. Du sollst nicht bereuen, was Du mir an Gutem erwiesen hast.«

»Red kein Blech. Ich bereue überhaupt nichts. – Wir sind gleich da. – Ich würde es heute wieder tun. Ob Du es wärst oder ein anderer: jedem würde ich helfen. Ich bereue nichts, weder das Schlechte, das ich getan habe, noch das Gute. Wenn Reue juckte, müßte ich mich den ganzen Tag kratzen, und dazu habe ich keine Lust. Es muß auch ein paar Leutchen geben, die etwas unternehmen … Festhalten! … ohne an das Andererseits zu denken, ich meine an ihren Vorteil, an ihr Wohlbefinden … Sei jetzt still.«

Das Boot bohrte sich in das Schilf. Erkki zog die Riemen ein und lauschte.

»Ich glaube, sie werden schlafen. Nimm das Brot mit und das Fleisch, Stenka, fix. Wir können das Boot nicht näher heranbringen. Wir müssen aussteigen. Fertig?«

»Ja.«

Beide Männer ließen sich nacheinander an der Bordwand hinab. Das Wasser reichte ihnen bis zu den Knien.

»Leise. Gib mir das Brot.«

Stenka reichte ihm das Brot hinüber. Sie bogen die Schilfhalme auseinander und wateten ans Ufer. Das Gras beugte sich unter der funkelnden Bürde des Taus.

»Stenka!«

»Ja?«

»Folge mir. Ich kenne den Weg.«

Eine Schnecke balancierte den gewappneten Leib über einen dünnen Ast. Als Erkki dagegen stieß, fiel sie fast lautlos ins Gras. Alles, was von ihrer unsäglichen Mühe sichtbar zurückblieb, war eine dünne Schleimspur auf der Rinde. Stenka tippte mit seiner Fingerkuppe auf Erkkis Rücken.

Was gibt es, fragte Erkki durch eine Kopfbewegung.

»Sollen wir nicht bis zur Nacht warten?«

»Warum?«

»In der Nacht können sie weniger sehen.«

»Wir auch. Wir müssen jetzt hinüber. Nachts werden die Posten verstärkt.«

»Die Sonne ist da, Erkki.«

»Ich habe nichts dagegen. Oder: kannst Du das verhindern? Wenn wir erst drüben sind …«

»Warst Du schon mal drüben, Erkki?«

»Ja.«

»Und …?«

»Komm jetzt. Das Leben ist überall anders, manchmal sogar besser. Wir sind gleich da. Du mußt Dich auf den Bauch legen und warten, bis ich zurück bin. Ich will mal sehen, wo die Burschen herumlaufen.«

»Jetzt?«

»Nein, noch zwanzig Meter. Ich gebe Dir schon ein Zeichen. Sag jetzt nichts mehr.«

Die Männer schlichen geduckt weiter, bis sie an einen schmalen Sumpfstreifen gelangten.

Plötzlich warfen sich beide auf die Erde. Sie hatten fast gleichzeitig einen sitzenden Menschen entdeckt, der ihnen den Rücken zukehrte und auf die Birkenschonung zu blicken schien, die hinter dem Sumpfstreifen in der frühen Morgensonne leuchtete. Der Sitzende, der sich überhaupt nicht bewegte, trug die Uniform der Grenzmiliz.

»Er schläft,« zischte Erkki. »Um so besser, hier müssen wir hinüber. Wenn wir im Birkenwäldchen sind, haben wir es geschafft.«

»Ist das die Grenze?«

»Ehem.«

Die Grenze: Hohe Mauer vor dem Sandkasten der Hoffnung, das Rasiermesser an der Kehle der Wünsche, die Grenzen sind Stricke für den Bruder.

Erkki deutete auf den Sitzenden und flüsterte:

»Ich werde mich an ihn heranschleichen und sehen, ob er schläft …«

»Können wir nicht einfach hinüberlaufen, Erkki?«

»Noch nicht. Wenn er sich nur von der Sonne belecken läßt, hört er uns sofort und …«

»Wenn er Dich entdeckt?«

Erkki entsicherte den großen Revolver.

»Ich werde Dir ein Zeichen geben, Stenka. Sobald ich den rechten Arm hebe, läufst Du, so schnell Du kannst, über den Sumpfstreifen. Drüben bist Du in Sicherheit.«

»Und Du?«

»Ich komme nach.«

»Sei vorsichtig.«

Erkki kroch auf allen Vieren davon. Stenka sah ihm zitternd nach. Er beobachtete, wie Erkki nach einer Weile hinter dem Rücken des Milizmannes auftauchte, in der Rechten den Revolver, in der Linken einen dünnen Stock. Mit dem Stöckchen berührte er den Sitzenden an der Schulter. Stenka sah nur auf Erkkis rechte Hand, auf die Hand, die das Signal geben sollte, das letzte, heiße Signal.

Plötzlich prallte Erkki zurück: die Uniform, die am Boden saß, war nicht mit Fleisch, sondern mit Lumpen ausgefüllt. Er spürte sofort, daß sie längst bemerkt worden sein mußten. Seine Rechte flog hoch, sie gab dem Barfüßigen, dem Zitternden hinter dem Strauch, der das Brot in den Fingern hielt, das ersehnte Signal.

›Sie haben eine Puppe hingelegt, und wir sind darauf hereingefallen ... sie werden hinter den Bäumen lauern ... oder auf einem Ast sitzen ...‹

Stenka sprang gehorsam auf, er stolperte über Unterholz, die Augen auf die Birken gerichtet, und rannte – mit einem einzigen Gedanken im Kopf – über den Sumpf, mit dem Gedanken: Hinüber!

Und Erkki lief auch.

Die Jugend bewegt sich überall schneller als das Alter, auf der Rennbahn der Entscheidungen, schneller, auf der platten Erde, schneller.

Der Angehörige der Grenzmiliz hinter der Kiefer hatte den Karabiner schon lange entsichert. Jetzt wurde die Kugel ungeduldig, das seelenlose, dunkle Ding. – Wer die Wahl hat ... das Wild ist hurtig, aber was ist seine Behendigkeit angesichts einer Kugel, dieses zirpenden Todes?

›Bald bist Du drüben, Stenka, bald. Strecke und Bewegung.

Nicht das Brot verlieren, festhalten! Was schlägt mir gegen die Stirn? Eine Libelle, – schlankes metallenes Körperchen, klirrende Flügel ... Weniger als die Hälfte nur noch ... da sind die Birken ... Es geht doch alles gut, ah ... mein Gott, ah ... ich kann ja nicht mehr laufen ... was ist das ... ich kann ja nicht mehr stehen ... Ich falle um! ... Was ist denn mit mir?‹ Er fühlte einen dumpfen Schlag am Hinterkopf. Etwas riß ihm die Schädelplatte auf und zwängte sich hinein.

›Dunkelheit, brummendes Karussel. Ich drehe mich um mich selbst ... verliere mein Gewicht ... Libelle ... Leichtigkeit ... So weich ist die Dunkelheit ... Liegen: für alle Zeit ... Unendliches Liegen, Pächter, Eigentümer der Ewigkeit ... Das Brot ist jetzt schmutzig ... Nur die Augen schließen, ja ...‹

Erkki hörte den Schuß und sah Stenka fallen.

›Ich kann ihm nicht helfen. Ich muß hinüber ... über den Sumpfstreifen, in die Birkenschonung.‹

»Jetzt der andere.« Der Milizsoldat zielte auf Erkki, krümmte den Finger, zog durch. Er sah, wie die Kugel den Jungen schlug, denn ein Gegenstand, ein großer Revolver, entfiel dessen Hand.

Aber Erkki lief weiter, er sprang über einen schmalen Graben, erreichte die Schonung, hörte, wie etwas neben ihm in das Holz fuhr und warf sich hin. Seine Hand war durchschossen, der Hebel des Gehirns, die Hand, die er erst gestern entdeckt hatte.

Niemand bemerkte ihn, niemand störte ihn, als er nach einer Weile den Kopf hob und langsam in das grüne, frühlingsmatte Schweigen hineinkroch; die Blätter wisperten lange, der freundliche Himmel dehnte die blaue Brust und die Sonne, die glühende Krankenschwester, trocknete das Blut.

ENDE

Siegfried Lenz
Deutschstunde

Roman
592 Seiten, Taschenbuch
ISBN 978-3-455-00047-4
Atlantik Verlag

Siggi Jepsen, Insasse einer Anstalt für schwererziehbare Jugend-
liche, muss im Deutschunterricht einen Aufsatz über die »Freuden
der Pflicht« schreiben. Erst gibt er ein leeres Heft ab, dann erzählt
er die Geschichte seines Vaters, dem nördlichsten Polizeiposten
Deutschlands, der den Pflichten seines Amtes so rückhaltlos
ergeben ist, dass er nicht zögert, das von den Nazis verhängte
Malverbot seinem Jugendfreund Max Ludwig Nansen, einem
international bekannten Maler, zu überbringen und unnach-
sichtig zu überwachen.
Siegried Lenz' berühmtester Roman, sein Opus magnum, ein
Meilenstein der deutschsprachigen Literatur des 20. Jahrhunderts.

»Ein Meisterwerk, dessen Ernst voller Trauer ist –
wie es nur bei einem Beobachter sein mag, der Humor hat.«
Die Zeit

Siegfried Lenz
Fundbüro

Roman
240 Seiten, Taschenbuch
ISBN 978-3-455-00050-4
Atlantik Verlag

Henry Neff verspürt trotz seiner jugendlichen vierundzwanzig
Jahre keine Lust, auf der Karriereleiter nach oben zu kommen.
Er sucht Unterschlupf im Fundbüro eines Hauptbahnhofs und
gewinnt schon bald Gefallen an seinem neuen Arbeitsplatz,
der reich an Kuriositäten und absonderlichen Vorkommnissen
ist. Jeder Tag beschert ihm Begegnungen mit Menschen, die
die unglaublichsten Dinge verlieren und liegen lassen. Aber
auch sein Fundbüro ist keine Oase der Seeligen, wie Henry
eines Tages feststellen muß.

»Selten ist ein deutscher Roman zu lesen,
in dem so bescheiden, schlicht und natürlich,
mit so viel Sympathie von Menschen
gesprochen wird, deren Liebenswürdigkeit
allein in ihrer Unauffälligkeit liegt.«
Neue Zürcher Zeitung

Siegfried Lenz
Die Auflehnung

Roman
400 Seiten, Taschenbuch
ISBN 978-3-455-00051-1
Atlantik Verlag

Unterwerfung oder Auflehnung? Zwei sehr unterschiedliche
Brüder, der eine Teekoster, der andere Fischzüchter, stehen vor
dieser Alternative. Beide wehren sich gegen eine unverschul-
dete Zwangslage, der eine mit Bereitschaft zum Kompromiss,
der andere mit riskanter Unbeugsamkeit. Und doch sind ihre
Niederlagen kein Grund zur Hoffnungslosigkeit, sondern zeigen
vielmehr, dass im Leben nicht immer das zählt, was man erreicht, sondern auch das, was man tut und versucht.

»Siegfried Lenz zeigt sich von
seiner besten Seite, der des Erzählers.«
Frankfurter Rundschau

Siegfried Lenz
Der Geist der Mirabelle
Roman
96 Seiten, Taschenbuch
ISBN 978-3-455-00048-1
Atlantik Verlag

In Bollerup, einem Dorf an der Ostsee, heißen nur wenige Leute anders als Feddersen. Um sich gelegentlich voneinander zu unterscheiden, haben sich die Einwohner Zusatznamen gegeben: die Kneifzange zum Beispiel, der Schinken-Peter, der Dorsch oder die Schildkröte. Man sieht, Bollerup hat seine Eigenheiten. Zu ihnen gehört zweifellos auch der selbstgebrannte Mirabellengeist. Er produziert seltsame, krummwüchsige Gedanken, aber auch erstaunliche Einfälle, er prägt sogar Charaktere. Und von ihnen erzählt Siegfried Lenz.

»Wahrscheinlich kann man Bollerup –
ebenso wie Suleyken – in keinem Atlas finden.
Aber Bollerup wird, ähnlich wie jenes
masurische Dorf, einen festen Platz haben:
auf der Karte der Literatur.«
Marcel Reich-Ranicki

Siegfried Lenz
Einstein überquert die Elbe bei Hamburg

Erzählungen
256 Seiten, Taschenbuch
ISBN 978-3-455-00049-8
Atlantik Verlag

Ein sommerliches Hafenporträt zeigt die alltägliche Wahrheit des Stroms – Möwen, Rauchfahnen, Wind und die Schiffe samt der Personen an Deck: Der Kapitän, der den Kurs eines nahenden Schleppzugs abschätzt, ein Fliehender, der von einem Uniformierten verfolgt wird, eine hochschwangere Frau im Schatten der Reling. Und abseits ein alter Mann mit Schlapphut, Pfeife rauchend – Albert Einstein? Eine Hafenszene, in deren Mittelpunkt ein grünweißes Fährschiff steht, heraufbeschworen von einem Beobachter, der »selbst bestimmt, was eine Tatsache ist«.
In dreizehn Geschichten aus den Jahren 1966 bis 1974 zeigt sich der große Erzähler Siegfried Lenz.

»Siegfried Lenz kann erzählen:
wunderbar, aufregend, mit allen Schikanen,
nachdenklich und mit Humor.«
Welt am Sonntag